걸으면 해결된다
Solvitur Ambulando

걸으면 해결된다
Solvitur Ambulando

불안의 시대를 건너는 철학적 걷기

우석영 × 소병철

산현재

차 례

어린아이의 발은 아직 자신이 발이라는 걸 몰라.
그 발은 나비나 사과가 되고 싶어 해.

파블로 네루다

평평하고, 물렁물렁하고, 가운데가 우묵하지만
그렇다고 폭 팬 것은 아닌 거죽. 살짝 쭈글쭈글한.

J.M.G. 르 클레지오

걸으면 해결된다(Solvitur Ambulando).

라틴어 경구

걷기는 인간의 최고 치료약이다.

히포크라테스

만일 꾸준히 걷는다면, 모든 것이 괜찮아질 거예요.

쇠렌 키에르케고르

헤치고 간다, 바위투성이의 길을 헤치고 간다.

자메이카 전통 자장가

인간은 걷기 시작하면서 말하고 생각하기 시작했다.

로제 폴 드루아

움직임에 무질서가 깃들여 있을 때는
걷는 것이 아니라 실려 가는 것이다.

세네카

걷는 사람은 자기 자신의 내면의 길을 더듬어 간다.

다비드 르 브르통

우리 자신은 밖으로 나옴으로써 우리 자신과 마주한다.

와쓰지 데쓰로

여행을 한참 하다 보면, 우리는 오직 자기 자신만을 보게 된다.

미셸 옹프레

땅 위를 걷는 순례는
내면의 여행을 하는 과정에서 발생하는 상징적 행동이다.

토마스 머튼

철학적 걷기는 이미 여러 사람이 다져놓은 길,
직선적인 길은 경계한다.

장 루이 시아니

걸을 때의 즐거움은 통주저음通奏低音,
즉 계속해서 나는 은은한 소리와도 같다.

프레데리크 그로

걷기는 우리의 가치, 우리의 두려움, 우리의 목적과
우리 자신이 맺고 있는 관계를 다시 연다.
걷기는 우리 자신만의 영혼으로 난 길을 우리에게 보여준다.

앤토니아 말칙

걷기는 느림의 사업이다.
걷기는 당신이 할 수 있는 가장 급진적인 행동 중 하나다.

알링 카게

나에게는 의사가 둘 있다.
나의 왼 다리와 오른 다리.

조지 트레벨리언

아무 목적 없이 산책하러 나서면, 어찌 된 영문인지
그 순간부터 시간이 천천히 흐르기 시작한다.

다니구치 지로

날씨가 좋건 궂건 저녁 다섯 시에는
팔레 루아얄로 산책을 하는 것이 나의 버릇이다.
(…) 나는 내 정신을 자유롭게 내버려 둔다.

드니 디드로

나는 급류와 암초, 전나무, 어두운 숲, 산,
올라갔다 내려오기를 반복해야 하는 울퉁불퉁한 오솔길,
곧 옆으로 떨어질 것만 같은 절벽 위로 난 길 등을 원한다.

장-자크 루소

15개국을 지나며 12,800km를 걷는 동안 (…)
나는 지구가 나를 지탱해주고 있고 자연이 나를 먹여 살려주며
강, 숲, 꽃, 야생이 나를 지속시켜준다는 사실을 알게 되었다.

사티쉬 쿠마르

들길 주위에 자라나 머물고 있는 모든 사물,
이들의 넓이가 세계를 선사한다.

마르틴 하이데거

길보다 더 아름다운 게 무엇이 있겠는가.

조르주 상드

모든 길은 말을 한다.

로버트 맥팔레인

옛길은 굽은 길이므로 한없이 안으로 빠져 들어가는 길이다.

안치운

당신이 걸어갈 때 길은 닫힌다,
그리고 뒤를 돌아본다면 당신은
당신이 더는 영영 밟지 못할 길을 보게 된다.

안토니오 마차도

우리가 밟고 가는 지구의 모든 표면, 하나하나는
특정한 생명의 봉사를 완수한다.

제임스 리쓰 멕베쓰 베인

내 발은 확고하고 자유롭고 용감하게
들판을, 종이 위를 달린다.

프리드리히 니체

글이란 걷기의 부산물에 불과하다.
나의 하루하루는 '자연에 대한 경배'가 아니라
(아니, 그것뿐만 아니라) 걷기에 대한 열망에 사로잡혀 있다.

레슬리 스티븐

생동적이면서 따사로운 영감을 깨우며, 나는 걸어갔네.
그러자 보석들이 서로 바라보았고,
날개들도 조용히 비상하기 시작했지.

아르튀르 랭보

화랑과 건물 사이를 배회하며 영감을 찾는다.

왕탁

그는 서재에서도 걸으며 일했다.

폴 라파르그 (그의 장인 칼 마르크스에 대한 구술)

사람들이 일요일마다 교회까지 걸어갔다가 걸어서 집으로 돌아오는,
크나큰 신앙심의 회복과 같은 일을 상상해 보라. 길가의 돌들에서
복음을 느끼고 자갈 틈에서 무뎌진 마음을 바로잡으며,
걸음걸음마다 허영심과 어리석음, 실망감 같은 악마에 포위된
여러 생각이 맑은 공기를 견디지 못해 떨어져 나갈 것이다.

존 버로스

우리의 세상을 만들어내는 것은 우리의 정신이기에,
우리가 설령 같은 초원에서 나란히 서 있다 할지라도,
내 눈은 당신과 다른 풍경을 볼 것이고,
내 심장 또한 당신의 심장과 다른 식으로 펼떡일 것이다.

조지 기싱

내일의 여행은 당신의 몸과 마음을 함께,
무한함의 또 다른 교구로 데려갈 것이다.

로버트 루이스 스티븐슨

도보여행은 문밖에서 신을 예배하는 최고의 방법이다.

존 핀리

정해진 길을 고집하지 않고 사냥꾼이 사냥감을 쫓듯
자신의 상념을 좇는 것보다 더 매혹적인 일은 없을 것이다.

그자비에 드 메스트르

지구 표면 위에서 몸이 수행하는 이 단순한 움직임으로,
내밀한 공모가 다시금 살아나서
걷는 사람과 자연을 즉각적이고 감각적인 인연으로 묶는다.
내가 걸을 때마다, 세계가 내게로 돌아오는 것이다.

크리스토프 라무르

내 영혼과 풍경 사이에는 은밀한 조응, 신비한 친화력이 있다.

다눈치오

저것은 나의 호수다, 하고 나는 생각한다.
내가 가야 하는 나의 호수, 나를 끌어당기는 나의 호수.

로베르트 발저

거기에서만 나는 때때로 나 자신의 가장 어두운 곳으로부터
다시 올라와 나를 잊게 되었다. 나의 내면적 공허가 채워졌다.

앙리 보스코

산책하는 법을 아는 이는 극소수에 불과하다.

사무엘 존슨

왜냐하면 우리는 우리가 없는 곳에 있기 때문이다.

피에르 장 주브

숲이 당신에게 말하도록 하라.
당신의 가슴, 정신 그리고 당신의 온 감각을 통해.

멜라니 추카스 브래들리

'그 사람은 어때'? 라는 말은 흔히
누군가의 성격에 관해 이야기할 때 나오는 질문이다.
풍경에 대해서도 같은 질문을 할 수 있다.

트리스탄 굴리

내게 가장 안락함을 주는 경험은
주변 풍경에 둘러싸인 채 내가 작아지는 경험이다.

마이클 맥코이

자연은 인간에게 시간과 평온을 되돌려준다.

마이케 반 덴 붐

우리가 알고 있는 위대한 자연은 정말 위안이 된다.
광활한 하늘은 사파이어로 만든 왕관처럼 우리의 감각 위에 놓여 있고,
대기는 우리의 예복이 되고, 대지는 우리의 옥좌이며,
바다는 우리 앞에서 장엄하게 노래하는 음유시인이니.

존 키츠

아직도 난 신선한 만남을, 새로운 얼굴과 새로운 생명을 갈망한다.
아직도 난 머나먼 초원을, 내 얼굴에 쏟아지는 바람과 비를,
다른 태양의 빛을 쬐는 시간을 꿈꾼다.

베르나르 올리비에

걷는 데 다양한 방식이 있다는 것을 기억하기 위한
훌륭한 한 방법은 바로 떠나는 것이다.

힐레어 벨록

그는 신들의 보호 아래 홀로 여행했다.

《대당서역기》

나는 가슴 깊이 간직한 순례의 굳은 의지와 성지에 대한 애틋한
그리움으로 친한 길동무 하나 없이 혈혈단신으로 장도에 올랐다.

이븐 바투타

나는 세계에서 가장 남쪽에 있는 마을로 갔다.

브루스 채트윈

떠나는 길에 나는 행운을 바라지 않으리, 나 자신이 행운이니.
더는 투덜거리지도 지체하지도 않으리, 아무것도 필요치 않으니.
하여 나는 기꺼운 마음으로 씩씩하게 이 광활한 길을 떠나네.

월트 휘트먼

영웅은 (…) 낯선 곳으로 떠날 용기를 지닌 인간이다.

에리히 프롬

여행자란 굴복하기를 거부하는 자이다. (…)
피난, 도망, 여행, 자유, 월경, 이 모든 것은 상통하는 바가 있다.

폴 모랑

인간과 사물에 관한 광범위하고 건전하며 너그러운 견해는
지구의 한 작은 구석에서 일평생
무력하게 사는 것으로는 얻을 수 없다.

마크 트웨인

나그네! 나는 이 말을 좋아한다.
나그네는 나그네라는 이유만으로 충분히 존경받을 만하다.

헨리 데이비드 소로

무한한 삶의 가능성을 지닌 그대들의 영혼은
하늘을 지붕 삼는 대자연의 집에서만 진정한 삶을 살 수 있으리라.

칼릴 지브란

진정한 여행자는 주변의 모든 것에 융통성이 있어야 하고,
모든 바람에 내맡겨진 갈대가 되어야 한다.

로버트 루이스 스티븐슨

우리의 눈을 감는 것이 여행이다.

에밀리 디킨슨

최고의 여행을 위해서는 단절이 반드시 필요하다.
지금 있는 곳에 집중하라. 집에 돌아갈 채비를 하지 마라.

폴 서루

걷기와 말하기를 동시에 잘할 수는 없다.
(…) 그러기에 여행에 친구는 필요치 않다.

윌리엄 해즐릿

사람의 나이는 그의 동맥으로 알 수 있다는 어리석은 속담은 잊어라!
사람은 그의 종아리와 함께 나이 들어간다.

앤드류 맥길

이번 도보여행에서 나는
샘물과 실개천의 물을 마시는 법을 배웠다.
(…) 소리만 듣고 물줄기를 알아차리는 법도 터득했다.

자크 라카리에르

내 마음은 웃음소리와 함께 방랑자를 부르는 거리와 길, 들판과
강의 끝없는 풍경에 가 있다. (…) 오, 제우스여! 먼 길을 걸어 낸 뒤에
허벅지와 정강이에 느껴지는 얼얼함과 떨림을 허락해 주기를!

크리스토퍼 몰리

한번 광대하고 빛나고 조용한 나라의 마법 아래 있었다면,
어떤 장소도 그에게는 충분히 강력하지 않을 것이다.
절대적인 것의 한가운데에 존재하고 있다는
최상의 만족스러운 감각을 어떤 환경도 대신할 수는 없다.

폴 볼스

이날은 광활한 대지에 나의 운명을 맡기던 날이다. (…)
풍전등화의 촛불처럼 나의 의지에 불을 붙이고 나의 신념으로
기름 부어 나의 길을 찾아 떠난 날이다.

장준하

서태 선생은 9만 리나 되는 긴 바다여행을 하며 위험한 나라들을
수없이 지나며 많은 고난과 위험을 이겨낸 끝에 중국에 도착했다.
그러나 그는 중국인들을 두려워하지 않았고 오히려 많은 사람과
친구가 되었다. (…) 그는 사람을 구분하지 않고 친분관계를 유지했다.

조너선 스펜서

퇴계의 산행은, 돌아서서 산과 함께, 산을 데리고
마을로 내려오기 위한 산행이고
인간의 마을을 새롭게 하기 위한 산행이다.

김훈

미래를 만들어내기 위해 손을 뻗고 걸어야 한다.
미래가 우리를 향해 오는 것이 아니다.
우리가 미래를 향해 가는 것이다.

가스통 바슐라르

이 책의 2부 6~8장 내용 중 일부는 소병철이 기왕에 발표한 두 논문(「지리산 둘레길 여행의 생태적 비전에 관한 소고」, 《남도문화연구》 30, 순천대학교 남도문화연구소, 2016; 「산지여행의 패러다임에 관한 문화철학적 단상」, 《인문사회과학연구》 17-3, 부경대학교 인문사회과학연구소, 2016)의 몇 개 절을 수정·보완해 작성한 것이다. 매우 큰 폭의 개작이었지만, 두 논문을 쓸 때의 고민과 착상이 소병철의 집필에서 긴요한 아이디어원이 되었음은 말할 나위 없다. 두 논문의 사용을 허락해 준 순천대 남도문화연구소와 부경대 인문사회과학연구소에 심심한 사의를 표한다.

우리는 익히 들었다. 걷기가 몸에 좋다는 말을. 고혈압과 당뇨에 좋으며, 심장병과 중풍을 예방하고, 관절통을 완화하고 골다공증을 예방하고, 또 무엇에 좋고, 무엇을 예방한다는 이야기들을.

그러나 걷기가 왜 몸에 좋은지를 의학이 밝혀내기 이전부터 이미 일부 유럽 국가들에서는 걷기 능력을 건강의 척도로 세우고 걷기를 권장해왔다. 1930년대 스웨덴은 하이킹 능력 측정을 표준화하며 시민들에게 하이킹을 권장하기 시작했다. 영국 보행자연맹 '도보여행자The Ramblers'가 주관하는 '건강으로 가는 길 걷기 사업'은 도보여행을 장려하는 사업으로, 영국 전역에서 500개 이상의 도보여행 프로그램이 이 사업의 일환으로 매주 시행되고 있다. 네덜란드에서는 다소 극단적인 걷기대회가 매년 개최된다. 체력증진연맹이 주관하는 '네이메헌Nijmegen 국제 걷기대회'가 바로 그것이다. 1909년 군인 위주의 국내 행사로 시작되어 지금은 매년 4만여 명이 참가하는 국제대회로 발전해 있는데, 참가자들은 4일간 매일 30~55km씩을 걷게 된다. (30km 이하를 걷는 기준 미달자들도 물론 있다.)[1] 걷기의 달인들이었던 아프간 상인들이 하루에 60km 정도를 걸었다고 하니, 이 대회에 참가하는 이들은 호모 사피엔스가 걸을 수 있는 거의 최대치의 일일 도보 거리에 도전하는 셈이다. 이렇듯, 걷기가 체력 또는 건강의 증진을 위한 도구로 활용된 것은 최근의 일이 아니다. 유럽에 비하면 늦었지만, 한국에서도 21세기 들어 걷기 열풍이 불었고 지금도 그 열기는 삭지 않고 있다. 코로나 팬데믹은 면역력과 건강에 대한 관심을 증폭시켰고, 그래서인지 공원이나 강변의 산책로나 숲길을 걷는 이들도 부쩍 늘어난 느낌이다.

그러나 우리는 걷기를 협소한 의미의 건강에 곧장 연결하는 사고의 흐름을 거부한다. '몸에 좋은 걷기'를 다룬 숱한 책들의 더미에 이 책이 추가되는 것을 우리는 원치 않는다. 이 책은 노자老子가 말한 생생지후生生之厚, 즉 '오직 잘 살기 위해 애씀'이라는 허방에 빠진 이들을 위한 책이 아니다. 우리의 관심은 다른 곳에 닿아 있다.

우리는 이 책에서 걷기가 어떻게 (인간의) 모멸감과 불안감과 두려움을 잠재우고 자신력自信力과 자존감을 키울 수 있는지, 왜 걷기가 자기에 대한 앎과 철학적 사유와 창의성을 촉발하는지, 왜 걷기가 야외 운동exercise이라기보다는 특별한 삶의 실천인지를 탐구했다. 우리가 보기에 걷기는 일종의 정신 활동이고, 감정을 다스려 평정과 쾌활함에 이르는 기술이자 창의적으로 생각을 개진하는 방법이며, 바로 그렇기에 값지다. 또한 우리는 길 위에서 자기목적적인autotelic 시간을 살며 무위無爲를 경험하기도 한다. 걷기는 우주와 자신을 편하게 받아들이는 강건한 영혼을, 자비와 창의성이 솟구치는 쾌활한 삶을 생산해낸다.

한마디로, 걷기는 회복, 자활, 자기 강화의 기술이자 실천이며, 세계와 우리 자신을 새롭게 만나는 특별한 시간 경험이다. 작은 못 하나가 벽을 허물 수 있다. 막힌 삶의 길이 벽이라면, 걷기는 바로 그 못의 하나다.

그런데 이러한 사실은 수많은 이들이 심신 위축 상태로, 막막한 삶을 살아가고 있는 '재난 자본주의'의 시대에는 시사하는 바가 자못 크다. 지난 30년간 가공할 만한 수준으로 진행된 세계화된 경제 체제 아래에서 대다수 민중은 초국적 대기업의 지배력(돈과 상품과 광고의 지배력)과 ICT 산업이라는 거대한 그물망에 포획된 채 살아왔다. 그 결과, 우리는 오늘날 일종의 '풍요로운 빈곤' 상태에 놓이고 말았다. 향유하는 물질과 테크놀로지의 수준은 전례 없이 높아졌지만, 테크놀로지에 의존하거나 상품을 구매하거나 정보 고속도로 위에 올라서지 않으면, 인간의 삶에 필요한 간단한 일조차도, 이를테면 손수 빨래를 하거나 양말을 꿰매는 일조차도 해내지 못하는 무기력한 인간이 되고 말았다. 정보사회와 소비사회의 단맛에 취하는 동안, 이것저것에 정신을 분산하는 행동에 익숙해졌고, 딱 그만큼 진득하게, 느긋이 자기 자신이나 일에 전념하며 맛보는 심오한 행복을 상실했다. 한편, 국경을 모르는 자본으로부터 사회 또는 국가가 민중을 보호하지 못하게 되면서, 불안정 고용 형태가 고용의 주류가 되고 경제 불평등이 심화되면서, 실업의 위협과 저임금과 가난이 초래하는 불안과 공포와 스트레스가 대다수 민중의 삶의 세계를 덮쳤다. 그리고 최근, 사회가 통제하지 못하고 감당해내지 못하는 거대한 힘들의 대열에, 전지구적 기후 위기에 이어 코로나 팬데믹마저 합류했다. 주가와 고용률은 곤두박질쳤고, 폐업을 신청하려는 자영업자들은 지금 이 순간에도 늘고 있다. COVID-19 사태로 인해 글로벌 자본의 힘이 약해지고 사회공동체의 힘이 다시 강화될 가능성도 있지만, 재난 자본주의라는 주요 흐름에 변동이 없는 한 다수 민중의 생계와 마음의 불안은 당분간 뉴노멀new normal로 지속될 가능성이 크다. 어쩌면 우리는 새로운 시대에 이미 돌입했고, 이 새로운 시대에 평범한 다수의 삶은 그 앞날이 결코 밝지 않다. 그리고 이 새로운 시대에 걷기의 정신적 차원과 효과는 새삼 이야기되어야 한다고 우리는 생각한다.

21세기 벽두, 힐링이 하나의 산업으로 등장한 건 전혀 우연이 아니다. 하지만 힐링 산업이 출시한 힐링 상품도 예나 지금

이나 구매력 있는 자들의 차지일 뿐이다. 반면, 걷기는 지금까지도 돈의 지배력에서 상당히 자유로운 영역이다. 물론 도보여행 패키지 상품이라는 것도 있고, 빈부에 따라 누릴 수 있는 여가의 총량도 다르겠지만, 가난하다 해서 걷거나 산책에 제한을 받는 것은 아니다. 걷기는 움츠러들고 위축된 우리 자신, 불안하고 두렵기만 한 우리 자신을 다스리는 기술이되, 모든 것을 다 잃은 사람에게도 허용되는 보편적인 기술이다.

때로 우리는 걷기를 실행함으로써, 존재할 가치가 있으며, 존재할 능력이 있는, 나아가 존재하는 즐거움을 잊지 않은 우리 자신을 재발견한다. 어떤 길은 "공간을 가로지르는 수단만이 아니라 느끼고, 존재하고, 아는 수단"[2]이 되어준다. 나아가 어떤 길은 "바깥으로는 형이상학으로, 뒤로는 역사로, 안으로는 자아로 인도"한다.[3] 어떤 길 위에서 자연에서 일어나는 일들에 주목하고 그것을 모두 유의미한 것으로 받아들일 때, 우주 만유와 자신을 목적으로 대할 때, 그때 우리는 비로소 우리 자신으로 돌아온다. 마을과 도시에서 살아갈 근원적 심력을 회복하며, 그 어떤 삶의 상황에서도 뺏길 수 없고, 그 무엇과도 결코 교환할 수 없는, 우리 자신이 진정 바라는 자신을 발굴해내고 그것에 우리 자신을 일치시키려는 의지를 다지게 된다.

17세기 영국 시인 존 드라이든John Dryden은 극작품 《오이디푸스》에서 음악이 있는 동안 근심은 사라진다고 썼다. 하지만,

이 작품이 나오기 이미 천년도 전에 로마인들은 "걸으면 해결된다(Solvitur Ambulando, 솔비투르 암불란도)"고 했다. 덴마크, 코펜하겐 시내를 매일 걸었던 19세기 철학자이자 작가 쇠렌 키에르케고르Søren Aabye Kierkegaard도 '걸으면 해결된다'는 입장에 동의했다. 키에르케고르는 어느 편지에서 이렇게 썼다. "걷기를 통해 누구나 웰빙에 최대한 가까워진다는 것 또한 분명하지요. (…) 만일 꾸준히 걷는다면, 모든 것이 괜찮아질 거예요."[4]

물론 걷기로 모든 문제가 말끔히 해결될 리는 없을 것이다. 하지만 가장 쉬운 문제 해결의 출발점은 걷기다. 걷는 시간은 정서를 안정시키고, 다시금 생각해볼 정신의 여유를 회복시키며, 전에 생각해보지 못한 새로운 생각도 선사하기 때문이다.

어떤 걷기의 시간에 우리의 뇌는 철학적이고 창의적인 사고를 집약적으로 수행한다. 그때, 걷기란 생각을 걸어가게 함이며, 생각의 물길을 흐르게 함이다. 걷기는 우리의 정신 활동을 자유롭게 풀어주며, 일단 풀려나면 정신은 새로운 생각의 물길을 열어간다. 천천히 꾸준히 걸어가는 발은 철학적인 뇌와 사귀는데, 이런 사귐의 경험을 고백한 이들은 부지기수다.

정신적 활동이 되는 걷기는 모든 것을 당연시하는 일상성의 영역을 탈출해 활력적인 감흥의 영역으로 올라선 걷기라 할 만하다. 이런 걷기를 잘 '발효된' 걷기라 표현해도 좋을 것이다. 잘 발효된 걷기는 걷기의 순미醇味를 맛보게 해주며, 자기 자신을 신뢰하지 못하는 상태를 신뢰하는 상태로, 지리멸렬한 삶을 쾌활한 삶으로 일신해준다. 잘 발효된 걷기의 맛이란 '예술적인 삶'을 사는 맛이다. 잘 걸을 때, 우리는 잠시 예술적인 삶으로 피정避靜을 떠난다. 사실 이런 걷기는 여가 활동도, 운동 exercise도 아니다. 즉, 하나의 기능적 활동, 액티비티activity가 아니다. 그것은 차라리 삶을 사는 한 가지 예술적 방식이다. 다른 양식의 삶의 실천이며, 다른 유형의 시간의 경험이다.

그러므로 우리는 말할 수 있다. 걸을 수 있다는 것은, 그 자체로 축복이라고. 그러나 문제를 해결할 열쇠를 이미 자기 자신이 지니고 있음을 모르고, 자기 아닌 다른 곳에서 열쇠를 찾으려는 사람은 불행하다. 그렇다는 사실조차도, 걷지 않는다면 스스로 깨닫기 어려울 것이다.

걸음은 우리를 새로운 깨달음으로 인도한다. 새로운 삶은 새로운 깨달음으로만 시작된다. 걷는다는 것은 포기 없이 삶을 시작한다는 것이다.

2020. 9.
우석영, 소병철

1부
걷기, 자기 되기의 여행

글 우석영

1장

드라이브와 걷기

질주가 지속되고 있다. 1878년 독일의 엔지니어이자 디자이너 카를 벤츠Karl Benz가 내연기관internal combustion engine을 장착한 자동차를 세계 최초로 개발한 이후 지금까지, 줄곧.

그러나 단순히 고속도로 위의 질주가 아니라 질주의 당연시, 질주의 예찬이, 질주의 복제, 질주의 세계화가 지속되고 있다.

화석연료를 연소하며 도로를 질주하는 이 이동 수단은 18세기 후반기 이후의 산업 문명이 아니라 20세기의 문명을 대표한다. 20세기의 첫 20년 동안, 자동차는 모빌리티의 필요가 어느 지역보다 컸던 미국에서 가장 먼저 대중화되기 시작했다. 1900년 당시 미국 땅을 굴러다니던 자동차는 겨우 8,000대에 불과했다. 그러나 21년 뒤인 1921년엔 무려 1,000만대로 폭증한다. 미국에 비하면 유럽은 늦깎이 신세여서, 1950년대가 되어서야 비로소 자동차 붐이 일어난다.[5]

자동차 산업과 문화에서 가장 앞섰던 미국에서조차 1920년대가 도래하기 이전까지, 도로는 자동차의 점유물이 전혀 아니었다. 에세이스트 앤토니아 말칙Antonia Malchik에 따르면, 1920년 전까지 미국에서 "자동차는 자전거, 수레, 마차, 유모차, 말, 전차, 트램, 그리고 헤아릴 수 없이 많은 보행자들과 도로를 공유해야만 했다."[6]

이렇게 볼 때, 자동차가 대중화되기 시작한 시점은 최대치로 잡아봤자 고작 100년 전이다.

자동차 대중화 백주년을 기념할 만한 지금, 자동차는 여전히 20세기형 기술 문명의 강력한 표상이다. 그런데 21세기 들어 자동차 산업계에서 유독 강조되고 있어 주목할 만한 마케팅 포인트가 있다. 그것은 실내 공간의 주거감이다. 더 쉽게 말해, 자동차의 실내는 집처럼 안락해야 한다는 것이다. 주거감을 강조하는 시각으로 보면, 자동차는 두 바퀴 달린 이동 수단이라기보다는 차라리 움직일 수도 있는 소형 거실이다. 실내 공간의 주거감이 새삼 부각되는 현상에는 사회문화적, 환경적 이유가 각기 배면에 깔려 있지만, 이 두 요소는 서로 분리되어 있지 않다. 필요 이상의 광고와 상품, 정보와 뉴스에, 그리하여 각종 스트레스에 시달리는 현대인에게 '이동형 거실'은 고효율의 내밀한 휴식처 기능을 제공한다. 세계 유수의 카 브랜드들은 미니멀리즘 철학까지 동원하며 삶의 복잡함이 소거된 단순하면서도 편안감이 충만한 '카 인테리어'를 홍보하느라 부산하다. 한편, 폭염, 혹한, 미세먼지, 신종 바이러스 등 위해 환경요소의 강도가 커지고, 그런 환경요소에 노출되는 경험이 잦아지면서 냉난방기·공기청정기 등을 구비한 자동차의 쾌적한 밀폐 공간은 말 그대로 물리적 피난처 구실까지 톡톡히 해내고 있다. 이제 자동차는 후기 자본주의 시대, 새로운 불안의 시대를 살아가는 현대인에게는 제2의 집, 피난처, 동굴이다.

당연히, 이 제2의 집은 운전자와 그 가족에게는 집에 준하는 소유물이다. 특히 **소유 지향의 인간**[7]에게 이 제2의 집은 자기만의 내밀한 즐거움, 그런 감정을 누리는 개체인 자기 자신과 분리될 수 없는 사물이다. 그렇기에, 소유 지향의 자동차 소유주는 자동차에 자기 정체성을 투사하기 쉽다. 그(녀)에게 자동차를 향유하는 시간이란 자기애에 젖는 시간이기 쉽다.

이 소유주는 테크놀로지를 통한 자연의 초월이라는 근대인의 판타지를 자동차를 이용해 실현한다. 인간이 주행하는 자동차는, 자동차와 함께 붙어서 달리고 있는, 외피가 두툼해진 인체와도 비슷하다. 고속 질주를 즐기는 운전자라면 인체의 고속 이동 욕망, 즉 기술을 통한 자연의 초월, 자연인으로서의 자신의 초월이라는 판타지를 구현하려는 욕망의 주체인 셈이다. 힙 hip함, 럭셔리, 최첨단이 구현된 기술 시대의 이 신종 동굴에 들어앉아 석유를 연소하며 고속이동을 즐기는 동안, 운전자는 기술은 무한히 진보하며 그것이 곧 선善이라는, 최첨단 기술을 통해 인간은 지구의 자연력을 회피하며 지구 내 '예외 종'에게만 허용된 쾌락을 향유할 수 있으리라는 근대인의 판타지에 한껏 젖어들 수 있다.

당연한 말이지만, '최첨단 기술의 수혜자인 한 나는 언제까지라도 모종의 자연 초월자'라는 식의 자기 정체성은, 이 경우 자동차라는 소유물 없이는 처음부터 불가능하다. 즉, 나의 고유한 것, 나의 성격이나 능력, 품격, 육체, 이것의 총체로서의 나만의 고유한 '향기' 같은 것이 아니라 내 바깥에 있는 나의 소유물이 나의 정체성을 조형하는 케이스인 것이다. 좀 더 간단히 말한다면, 이 경우 내 정체성을 주조하는 것은 하나의 사물이다. 사물이 먼저 있고, 나는 그 다음에 있다. 사물이 없다면 나도 없다. 철학자 에리히 프롬Erich Fromm에 따르면, 이런 경우 소유주가 사물을 소유하기도 하지만, 동시에 사물도 소유주를 소유한다고 말해야 한다.[8] 요컨대, 때로 사물은 인간을 지배하고, 인간은 지배당하는 처지로 전락해 있는데, 이 '때로'의 법칙은 자동차 운전자에게도 적용된다.

시동키를 누름으로써, 자동차 없이 두 발로 걸었더라면 체험했을 수도 있는 느림의 불편함, 육체적 피로나 지루함 같은 불쾌감을 일거에 제거한 운전자는 고속 질주의 쾌락을 만끽할 때도 있을 것이다. 하지만 운전자는 질주 속에서, 질주에 옥죄이기도 한다. 사실, 고속도로 위에서 운전자는 고속과 서두름의 강박에 시달린다. 천천히 달리고 싶은 운전자를, 고속주행하는 뒤쪽과 옆쪽의 차량들은 그냥 두지 않는다. 철학자 오토 프리드리히 볼노Otto Friedrich Bollnow가 지적했듯 "도로는 끊임없이 인간을 앞으로 몰아"대는 성질이 있으며, 동시에 도로는 "머뭇

거리지 말고, 멈춰 서지도 말고, 계속 앞으로, 가능한 한 빨리 앞으로 나아가라고 강요한다."⁹ 물론 볼노가 말한, 이 강요의 주체는 도로 자체가 아니라 도로 위를 맹렬히 질주하는 자동차들일 것이다. 고속이동수단을 거머쥐었기에 도로 위의 시간을 유유히 지배해야 마땅한 인간이 되레 속도와 비휴식의 강박 속에서 피지배자의 처지에 놓이게 되는 셈이다.

그러나 운전자는 결코 피지배자의 처지에 있는 것만은 아니다. 시동키를 누를 때, 운전자는 잠자코 있던 노예를 깨워내 그 노예를 부리기 시작한다. 어떤 생태주의자들에 따르면, 우리는 석유, 석탄, 천연가스를 연소함으로써 작동되는 기계를 **화석연료 노예**라고 불러야 마땅하다. 화석연료 이전 시대에 말이나 소 같은 노예 동물이나 인간 노예가 했던 일을 화석연료 시대엔 화석연료로 작동되는 기계들이 대체했는데, 자동차 역시 그런 기계에 해당한다. 한마디로, 이 시대의 대다수 운전자는 화석연료 노예를 부리는 인간이다.

운전자는 석유만이 아니라 석유의 부산물 역시 노예로 거느린다. 그(녀)는 석유 공장에서 석유를 증류하고 남은 잔여물이며, 도로의 표층에 깔려 도로 포장재 역할을 하는 아스팔트 asphalt의 떠받듦 속에서만 주행할 수 있기 때문이다. 운전자에게 아스팔트가 깔린 도로는 서둘러 밟고 지나가야 하는 대상, 그러기에 자신의 지배 아래에 있어야 마땅한 대상이다. 그러니까 자동차의 쾌적한 실내 공간 밑 하부 공간에서, 그 하부 공간의 아래에 있는 도로에서도 진동하고 있는 석유의 악취 속에서만 우리는 고속 질주를 할 수 있는 셈이다. 석유 기반 자동차 산업이 (온실가스 배출, 석유 유출 사고 등으로) 지구생태계 자체를 심각하게 파괴하고 그 구성원들에게 고통을 준 산업임을 생각해볼 때, 운전자는 하나의 파괴력에 종속되어, 파괴하는 운동 과정에 참여하는 파괴력의 한 주체로서 주행을 즐긴다.

이런 말은 결코 허황되거나 과장된 수사가 아니다. 사실, 오늘의 자동차 문화는 여러 파괴력이 지속될 때만 지속가능하다. 이에 관해 킹즐리 데니스Kingsley Dennis와 존 어리John Urry는 이렇게 정리하고 있다.

자동차의 생태적 영향은 원료의 채굴, 차량 생산, 도로 기반 시설의 운영과 유지 및 보수, 수많은 사망자와 부상자로 인한 병원비와 정서적 비용 등을 포함해 그 라이프 사이클 전체 및 그와 연관된 인프라 시스템에 기인한다. 자동차 운전자는 그 비용 전체를 지불하지 않는다.[10]

자동차에 관해서라면, 금속 같은 원료의 추출과 가공, 원료를 활용한 자동차의 제조, 석유나 천연가스의 추출과 가공, 이들 화석연료의 연소, 도로포장, 도로 시설물 설치 같은 인프라의 구비와 유지 등 자동차를 도로 위에 달리게 하는 과정에서 발생하는 생태적 비용, 즉 인류가 자연에 가하는 생태적 압력과 그 결과 일체가 반드시 생각되어야 한다. 그럼에도 이 비용이 고려 대상에서 제외된다는 것은, 자연에 가중되는 생태적 압력과 그 결과에 대해 눈을 감는다는 것이나 마찬가지이다.

이것이 다가 아니다. 모두가 아는 바이지만, 자동차는 때로 살인무기로 돌변한다. 물론, 살인 행위의 주요인은 자동차 그 자체가 아니라 고속 주행이다. 어린이들은 특히 고속 주행 자동차에 취약해서, 2020년 3월 한국에서 시행된 세칭 '민식이법'은 자동차 고속 주행과 사고라는 사회 문제가 어제가 아닌 바로 오늘의 문제임을 시사한다.

지난 100여 년간 이동이 동력화되면서, 인간의 걷기 능력만 아니라 사고 능력 역시 퇴화하고 말았다는 섬뜩한 지적도 있다. 철학자 로제 폴 드루아Roger-pol Droit가 보기에, "덜 걷는 인류는 덜 생각"한다. 또한 "반세기 전부터 이동의 전반적인 동력화와 인스턴트 숭배, 미래 비전의 쇠퇴와 생각의 정체가 동시에 발생하는 것은 우연이 아니다."[11] 고속이동의 라이프스타일이 걷기 문화를 쇠퇴시켰고, 그것은 멀리, 넓게, 깊이 생각하는 능력의 쇠퇴로 이어졌다는 것이다.

사정이 이러하므로, 운전대를 포기하거나 마다하고 걷기를 선택한 인간은 그 자체로 특별하다. 걷기의 실행자인 그 인간은, 은밀한 피난처 기능을 하는 사적 안락함의 천국, 고속이동의 편리함과 쾌감을 과감히 저버리고, 걷기가 열어주는 신세계로 빠져나온 인간이다. 동시에 그(녀)는 테크놀로지의 쾌락 속에서 마치 자신은 지구의 일반 종이 아니라 특별종이라도 된 듯, 예외자의 판타지를 즐겼던 시간에서, 자기애에 젖어 있던 시간에서 빠져나온 인간이다. 나아가, 일개 사물에 종속되어 있을 가능성에서도 완연히 해방된 인간이기도 하다. 도로 주행을 포기하고 대신 길을 걸어가는 사람은 석유와 석유의 부산물들, 석유 연소로 움직이는 기계를 노예로 삼는 상태에서도, 석유-자동차 산업의 노예가 된 상태에서도 자유로워진 인간이다. 동시에 그 인간은 20세기 내내, 특히 20세기 후반기 내내 지구 생태계를 압박했던 화석연료 문명이라는 고속열차에서 하차한 인간이기도 하며, 고속의 강박과 쾌락 속에서 자기 뜻과 무관하게 타자를 해칠 가능성에서도 해방된 인간이기도 하다. 또, 그 인간은 스스로 생각하지 못하고 창발하지 못하는 무기력한 존재 상태를 벗어날 수도 있는 인간이며, 자기의 소유물에 심대하게 의존하지 않고서 그저 자기 자신으로서 세계와 만날 수도 있는 인간이다.

운전대를 포기하고 마다한다는 의미가 실린 걷기란, 이처럼 해방의 걷기다. 자동차 대신 자기 두 발을 선택한 인간에게 아우라가 있다면, 그것은 홀가분함, 가든함, 자유, 해방이다. 인간에게 종속되어 마땅한 테크놀로지와 사물에 거꾸로 인간이 종속되고 마는 시대에는, 걷기의 실천 자체가 인간의 존엄성을 회복하는 실천이 된다. 우리 시대에 걷기란 지배와 종속이 주요 문법인 체제의 바깥으로, 인간을 소유 지향의 삶, 테크놀로지의 노예로 몰아가는 체제의 **바깥으로 나옴**이다. 유사한 맥락에서, 철학자 프레데리크 그로Frédéric Gros는 "걷는다는 것, 그것은 바깥에 있는 것"이라고 말한다. 그가 보기에, 걷는다는 것은 "일하는 사람의 바깥에, 고속도로 바깥에, 이익과 빈곤의 생산자들 바깥에"서 존재하는 행동이다. 한마디로 "걷기의 참뜻은 (…) 문명화된 세계의 가장자리에 서 있는 것"[12]이라는 것이다. 하지만 이 문장에는 보충이 필요하다. 걸을 때 우리는 단순히 문명화된 세계의 가장자리에 서는 것이 아니라, 지구생태계를 파괴하고 인간의 존엄성과 역량(사고력, 창의력)마저 침탈하는 화석연료(탄소) 문명 세계의 가장자리에, 더 정확히 말해 화석연료(탄소) 자본주의 체제의 가장자리에 선다.

걷기는 체제의 바깥으로 나옴이긴 하되, 그 나옴은 세상으로부터의 도피가 아니다. 걷기는 퇴각이 아니다. 걷기는 개진이다. 걷기를 결행한 이는 걷기의 지속을 통해 잠시 일상세계, 체제와 격절하되, 세계를 새롭게 발견하며 새로운 시간으로 진입할 수 있다. 자신의 오감각을 신체 외부로 한껏 열며, 목적과 수단, 이익과 손해, 자아와 타자(나와 남)가 명쾌하게 분별되었던 시간에서 벗어나 다른 문법이 지배하는 시간에 차츰 물들어갈 수 있다. 가로수가 있는 길 위에, 숲 언저리와 숲길에, 물새가 노니는 습지에, 노을이 물들고 있는 해변에 발자국을 찍을 때, 보행자는 다른 시간에 거주하며, 자신이 행복하기 위해선 진정 무엇이 긴요한지를 다시금 배운다.

어떤 독자는 드라이브와 걷기는 그처럼 상반되고 대립될 이유가 없다고 항변할지 모르겠다. 아마도 일상생활이나 여행길에서, 드라이브와 걷기를 상보 관계로 만들어낼 수도 있을 것이다. 즉, 두 행위를 효율적으로 조정하며 드라이브의 쾌락과 걷기의 즐거움을 동시에 취하려는 욕심의 주인공이 될 수도 있을 것이다. 하지만 둘 사이에서 균형을 어떻게 잡든, 우리가 고민해야 하는 건 보행 시간이 아니라 주행 시간을 통제하는 방법이다. 걷기의 즐거움은 드라이브의 쾌락을 옥죄지 않지만, 드라이브의 쾌락에는 걷기의 즐거움을 망각케 하거나 깔보게 하는 힘이 내재되어 있기 때문이다. 다다익선의 원칙은 드라이브가 아니라 오직 걷기에만 적용 가능하다.

뉴 테크놀로지의 산물로서 새로 출시된 온갖 '올-뉴all-new' 모델이 여행자들의 가슴을 뛰게 했지만, 그러거나 말거나 오직 두 발만으로 길 떠남을 감행한 이들도 있었다. 사실, 이동 수단이 발달하면 할수록 도보여행은 '감행'의 성격을 띠었다. 자동차가 대중문화 속으로 파고들기 훨씬 전, 그러나 기차는 대중화되었던 시대에도 도보여행은 대중의 경멸을 사곤 했다. 18세기 말, 영국을 도보로 여행하던 독일인 칼 필립 모리츠Karl Philipp Moritz는 도보여행 중에 사람들의 눈총에서 느꼈던 모멸감을 이렇게 토로했다. "이 나라에서 두 발로 여행하는 사람은 미개인이나 별난 존재 취급을 받는 듯하다. 만나게 되는 모든 사람으로부터 관찰되고, 불쌍하게 여겨지며, 의심되고, 회피되는 사람."[13]

여행자 가운데에는 도보여행이 아닌 다른 식의 여행을 선호한 이들도 많았다. 이를테면 몽테뉴Montaigne는 말을, 모랑Morand은 배를, 상드라르Cendrars는 기차를, 부비에Bouvier는 자동차를 타고 여행했다.[14] 하지만 오직 걷기만을 고집했던 고집쟁이들도 있었다. 류영모와 간디Gandhi가 그러했고, 니체Nietzsche와 랭보Rimbaud가 그러했으며, 소로Thoreau와 자크 라카리에르Jacques Lacarrière가 그러했다.

하지만, 왜 이들은 걷기를 고집했던 걸까? 어쩌면 이들이 걷기를 고집했다기보다 **걷기의 지독한 즐거움**이 그들을 놓아주

지 않았다고 말해야 좋을지도 모른다. 테크놀로지의 시대에
두 발이라는 낡아빠진 수단을 아직도 즐기는 이가 있다면, 그
사람은 시대 부적응자나 보수주의자, 의고주의자나 낙오자일
수도 있을 것이다. 하지만 다른 가능성도 분명 있다. 오직 걷기
를 통해서만 체감 가능한 지극한 즐거움에 심취했을 가능성
말이다.

2장

길, 오래된 새로움

길은 은닉되어 있다. 길은 격납고, 포도주 저장고, 비밀서고, 《아라비안나이트》에 나오는 마법 램프와도 같다. 길은 누구에게나 열려 있지만, 걷기를 결행하지 않는다면 언제까지나 접근되지 않는 하나의 내밀한 세계이기 때문이다. 길은 우리에게 자신을 발견하고, 열고, 읽고, 사용하고, 만나라고 요청하고 있다. 길은 바다와도 같으며, 길에 나선 이는 길에 입수入水한다.

수사법을 조금 더 활용해도 된다면, 길을 '작품'에 비유해도 좋을 것이다. 하지만 인간의 작품이 아니라 인간과 자연이 함께 만든 작품이다. 약 70,000년 전, 동아프리카를 떠나 아라비아반도로, 유럽으로, 러시아로, 타클라마칸 사막을 건너 중국으로, 베링 해협을 건너 아메리카로, 또 오스트레일리아로 이동했던 까마득한 시절부터 지금까지, 세월을 넘고 세대를 넘어 숱한 인간들이 함께 제작해낸 장소. 그러나 길은 인간이 관심을 저버릴 때는 다시금 자연에 귀속되어 자연이라는 위대한 오케스트라 지휘자의 손길에 내맡겨진다. 자연은 거기에 장대비와 햇빛을 쏟아붓고, 풀을 자라게 하며, 여러 생물의 삶터로 탈바꿈시킨다. 한반도의 허리, 비무장지대의 이채로운 생태계는 그렇게 해서 우리 곁에 나타났다.

하지만 엄밀히 말해서, 길이라는 주제는 일국의 수준, 인간의 수준에서는 다뤄지기 어렵다. 이 주제는 지구 전체로, 동물종 전체로 시야를 확대하라고 요청한다. 길이란 길은 모두, 마을과 마을 사이가 아니라 지구 안의 마을과 마을 사이에 나 있다. 길은 지표면에 새겨진 하나의 무늬인 까닭에, 길을 탐구하려면 지구의 지형과 지각운동의 역사에 먼저 관심을 기울여야한다. 지구에 지금과 같은 형태의 산과 대륙이 형성된 시기는 에오세(5,600만 년 전~3,400만 년 전)로, 바로 이 시기에 히말라야산맥, 로키산맥, 안데스산맥 같은 지구의 거대 산맥들이 대거 융기했다. 티그리스와 유프라테스, 양쯔와 메콩, 갠지스와 나일, 다뉴브와 볼가, 셀렝가와 아마존과 오리노코, 그리고 이들의 친구와 친척과 아이들도 자연스럽게 뒤따라 태어났다. 즉, 강과 내라고 불리는 이들이 지상에 처음으로 (물길이라 불리는) 길을 낸 주체들이다. 물의 길들은 지구의 물과 양분을 순환시키며 지상의 목숨 가진 것들을 길러냈고, 우리 인류도 그 가운데 하나였다.

약 70,000년 전, 세계 각지로 이동했던 호모 사피엔스의 무리들이 각자의 거주지에서 어떤 길을 만들어냈는지는 거의 알려진 바가 없다. 아마도 이들은 습지 인근에 머물며 물에 접근하려는 동물들을 사냥하며 살았을 것이다. 그렇다면 이들은 그 동물들이 "물에 접근하는 통상적인 길"[15]을 파악하고 있었을 것이다. 달리 말해, 이 당시 길 내기의 주체는 두발걷기의 주인공만이 아니라 움직이고 이동하는 이들, 즉 동물 모두였다. 물론 이런 사실에는 지금도 전혀 변화가 없다. 이를테면, 영양과 순록의 무리가 각자의 길을 내 왔고, 아직도 매년 얼룩말과 누gnu와 톰슨가젤이 세렝게티 평원을 가로지르며 자기들만의 이동 경로로 이동하고 있다. (지표면 밖으로 시선을 돌리면, 북극제 비갈매기와 도요새, 제왕나비와 작은멋쟁이나비가 의지하는 하늘길과, 흑등고래와 장수거북과 연어와 황어들이 이동하는 바닷길, 강물길도 보인다.) 원시림에 들어선 인간은 인간이 낸 길이 아니라 야생 동물들이 낸 길에 의지해야만 한다는 점에서 고대인과 현대인의 처지는 똑같다.[16]

자연의 압력에서 전혀 자유롭지 못했던 일개 생물종에서 출발해 지구의 지질학적 질서를 좌우하는 파괴력의 주체로 변신하는 대변신의 여정에서, 인간은 늘 길을 조형해왔다. 도시와 도시 사이에, 도시와 마을 안에, 강변과 호숫가, 해안가에 인간은 숱한 길을 수놓았다. 이 운동은 역사의 어느 시점부터 산과 강, 사막과 바다까지, 심지어는 공중까지 힘을 미치기 시작했다. 군대와 외교관이, 여행자와 탐험가가, 순례자와 무역 상인이, 유학생과 통역관들이 국경 너머로 이어진 이 길들을 이어 걸었다.

이들의 길 걷기는 단순히 길 걷기가 아니라 삶을 살고, 뒤섞고, 역사를 빚어냄이었다. 그러므로, 길 걷기의 역사와 의미를 논하려면, 로제 폴 드루아의 말처럼, "걷기와 인간의 역사 사이의 이 뿌리 깊고 항구적인 결합"에 주목해야만 한다. 더욱이

"인간의 걸음을 통해 지금도 상업 중심지, 물품과 생각의 이동로가 만들어지고, 학설과 신앙, 시와 음악 작품, 전설이 전파" 되고 있지 않은가.[17] 길의 역사는 교류의 역사였고, 코로나 펜데믹 사태의 한 양상은 국경 밖 교류를 위해 나아가던 인간의 발걸음을 국경이라는 낡은 장벽 안에 가두고 있다는 것이다. 이제, 각자의 국내에 난 길이 더욱 빛을 발할 시간이 왔다.

길의 의미론을 완성하려는 이는 길의 고고학, 길의 역사학만이 아니라 길의 분류학에도 관심을 기울여야 한다. 길에는 종류가 많다. 별의 이동경로(궤도), 인간과 인간 외 동물이 다니는 하늘길과 바닷길(해로)과 수로(뱃길, 물길)를 제외하고도 많은 길을 거론해야만 한다. 흙길, 우마찻길, 자전거길, 철로와 고속도로, 숲에 난 길인 임도와 오솔길과 샛길, 둑방길과 논둑길, 언덕길(고갯길), 능선과 사막의 길, 강변이나 해변의 길, 시골의 농로와 도시의 가로…….

그러나 나는 이 목록에 골목길을 추가해야 한다고 서둘러 말하려다. 술래잡기, 숨바꼭질, 공놀이, 썰매 타기 같은 놀이가 일어나는 장소였던 골목길은 어린 우리에게 얼마나 가슴 설레던 길이었던가. 지금 생각해보면, 그곳은 놀이와 우정의 역사가 만들어지던 위대한 장소였다. 그 골목길이 아니었다면, 오늘의 나도 없을 것이다. 그래서 나는 지금도 서울 강남의 테헤란로 같은 곳보다는 이탈리아 작은 마을의 골목길에서 향수 nostalgia를 더 느낀다. 아이들은 길에서도 자란다. 길은 아이들을 키운다.

그리고 조금 이상한 단어이긴 하지만 (새길은 얼마 후에는 전부 옛길이 되지 않는가) '옛길'이라는 단어도 아직 건재하다. 오래도록 누군가 걸었고 우리에게 건네진 길인 옛길은 고목을 닮았는데, 두 가지 의미에서 그러하다. 첫째, 옛길은《옛길The Old Ways》의 저자 로버트 맥팔레인Robert Macfarlane이 말했듯, "나무처럼 (…) 가지를 품고 있고, 강물처럼 지류를 지니고 있다."[18] 옛길은 종이 위의 선분 같은 것이 아니라 빈 곳을 차지하려고 뻗은, 나이 많고 기운 성한 느릅나무를 닮았다. 둘째, 고목이 그러하듯 옛길에는 역사가 차곡차곡 쌓여 있다. 옛길이 우리에게 친근감을 불러일으키는 것은 이런 역사의 향기 때문이다. 옛길은 옛 보행자들의 모든 보행이 보관되어있는 보행 박물관이어서, 옛길에 오를 때 우리는 이 박물관에 입장한다. 그렇기에 옛길에 오른 이는 자신도 모르게 그 길을 걸으며 살았던 옛사람들과 손을 잡는다. 옛길을 밟을 때, 보행자는 길만이 아니라 길에 퇴적된 걷기의 역사, 삶의 역사와 부딪히는 것이다.

옛길에 올라 있을 때, 우리는 겸손이라는, 옛길의 미덕에 감화되기도 한다. 옛길은 연극평론가 안치운의 말대로 "걷는 이의 발아래 놓이면서 누구도 거부하지 않는 겸손"[19]을 선보이는데, 이러한 옛길의 겸손을 알아챌 때, 보행자 역시 지극히 자연스럽게 겸손한 마음새의 주인공이 된다.

조금 달리 말하면, 길에서 우리는 모두를 끌어안는 크나큰 모성을 감지한다. 길은 그것을 사용하고자 하는 이 모두에게 접근이 허락되는 커먼스(commons, 공공물)의 성격을 지니고 있고[20] 이런 까닭에 길의 사용자는 길의 포용성을 감지한다. 길은 어느 개인이 아니라 모두가 함께 만들어내고 보전한 것이자 앞선 세대에서 모두에게 전달된 공공적 성격의 선물이기에, 지금 여기의 모두에게 귀속된다. 길은 은둔자에게 허락되는 은밀한 장소가 전혀 아니며, 정반대로 "모두에게 열린 '세속적인' 장소"인 것이다.[21] 따라서 길에 들어섬이란 모두의 장소이자 평민의 장소에, 두 발로 걷는다는 점에서는 다른 이들과 아무런 차이가 없는 평범한 보행자가 되어, 들어섬을 뜻한다. 더구나, 길은 연결이라는 기능을 수행한다. 길은 장소와 장소를, 문화권과 문화권을, 풍속과 풍속을, 사람과 사람을, 사람과 세계를 연결하는 일에 이바지한다. 그러므로 비록 홀로 나섰더라도, 오래도록 홀로 길 위에 있더라도, 길 위의 보행자는 혼자만의 장소에 틀어박혀 있는 고립된 존재가 아니다. 정반대로 길은 인간의 고립성, 외로움을 인간에게서 제거한다. 자동차를 타는 동안 "사람들은 고무바퀴 위에서 철저히 고립된 채 여행"[22]하지만, 두 발로 길을 걷는 동안엔 연결과 소통의 공간으로 풀려나, 질문받을 수 있고 질문할 수 있는 자, 자기 아닌 것과 천천히, 시간을 두고 교감할 수 있는 자가 된다. 도보여행길에 오른 이는 걷기와 관련된 오래된 이야기가 누적되어있는 세속의 공공지대로 걸어 나와, 그 땅에 뒤섞이며, 자기 아닌 무언가와 연결될 준비를 마친 자다.

결정적으로 길은 인간에게 언제나 모종의 의미를 띠고 나타난다. 걷기를 감행한 인간에게 길은 '지향'이라는 표상과 함께 경험된다. 길이 나 있지 않은 공간의 이곳저곳을 두 발로 오갈 때, 우리는 배회하는 것이지 결코 걷는 것이 아니다. 반면, 길 위에 서서 걷기 시작할 때 우리는 비로소 시간과 공간의 '앞으로', '의미'가 잠재되어 있고 출현하고 있는 삶 속으로 걸어가기 시작한다. 이 걸어감은 절대 돌아갈 수 없고, 돌이킬 수 없다는 점에서 1회성의, 고유한 전진이다. 그리고 바로 그런 까닭에, 이 걸어감은 의미 있는 전진이며, 또 이생의 삶이라는, 아마도 전무후무할 지금 이곳, 자기의 삶의 은유가 된다. 어느 진화한 영장류 포유동물의 두발걷기는 길 덕분에 비로소 전진, 돌파, 극복, 헤쳐 나아감이 된다.

그러나 이런 이야기들은 길의 경험과 관련하여 가장 중요한 이야기는 못 된다. 길의 의미론을 탐구하는 이라면, 보행자의 '마음 살이'에 도움을 주는 길 걷기를 반드시 논해야만 한다. 길 위에서 새로운 시간을 느낄 때, 세계와 자신의 재탄생을 체험할 때, 자신력自信力과 쾌활함을 회복할 때, 보행자는 진정으로 길에, 걷기에 매혹된다. 어떤 길은 이런 **신생新生의 경험**으로 이어져 있다.

하지만 이런 경험은 어떻게 걷기로 가능한 걸까? 우선, 우리는 각자의 마음에 차는 길을 발견해야만 한다. 집이나 일터와 곧장 연결되어있는 길, 지금 당장 밖으로 나가 걸을 수 있는 길, 언제든 바로 사용하고 열람할 수 있는 길을. 그리고 그 길을 따라가면, 마음 든든한 자기만의 성소聖所 또는 성지聖地가 바로 그곳에, 어김없이 있어야 한다.

옛 동아시아인들은 (비록 일부 상층계급, 주로 남성에게만 허락된 행동이지만) 산을 이리저리 걸으며, 소요벽逍遙癖을 즐기는 가운데, 마음의 안식을 도모하곤 했다. 심지어 이들은 산에 가서 걷는 것에 만족하지 않고, 그러한 걷기의 시간을 집과 마을 안으로도 끌어들였다. 정원과 서원을 조성해 마음이 지칠 때나 혼탁할 때면 그곳의 뜰을 거닐었던 것이다.

그러나 이것은 과거의 이야기이지 금세기 우리의 이야기는 아니다. 거닐 수 있는 뜰이 거처의 울안에 없다면, 가까운 곳에 자기만의 성지가 있어야 한다. 하지만 그런 성지를 어떻게 찾아낼 수 있을까? 성지의 기본 조건은 그곳이 '안식처의 느낌'을 준다는 것, 그러면서도 세속과는 확연히 분리된 장소라는 느낌을 준다는 것이다. 어느 한 장소가 "성지가 되려면 확장된 세계에서 그곳을 '떼어 내야' 한다. (…) 그 장소는 인간이 그 위에 서면서 '성지'가 된다."[23] 요컨대, 성지는 집처럼 세계와 분리된 공간, 외부와 경계를 둔 내부의 공간, 내밀한 느낌이 있는 공간이다. 위험과 위협의 가능성이 삭제된 이 특별한 장소는 완전히 안도해도 좋은 장소이며, "인간에게 든든함을 주는 곳"[24]이다.

그렇지만 거주자는 어떤 장소가 주는 든든함을 위험 상황에서 가장 잘 인식하는 법이다. 세계의 험악함과 대비되는, 집의 안락함이라는 본성을 설명하며, 현상학자 가스통 바슐라르 Gaston Bachelard는 앙리 보스코Henri Bosco의 산문시를 인용한다. 이 산문시에서 우리는 "폭풍우의 동물 떼에 대항하는 집", "인간의 저항 그 자체"[25]가 된 집에 관한 장엄한 이야기를 들을 수 있다.

바람은 창의 덧문과 출입문을 아무리 공격해도 소용없었다. 어마어마한 위협으로 아무리 을러대어도, 벽난로 굴뚝으로 아무리 으르렁거려도 소용없었다. 내 몸을 보호해 주고 있는, 이미 인간이 된 그 집은 폭풍우에 아무것도 양보하지 않았다. 집은 마치 암늑대처럼 나를 폭 감싸 안았고, 때로 나는 그의 내음이 어머니의 그것인 양 내 심장 속에까지 내려오는 듯이 느꼈다. 그것은 그날 밤 정녕 내 어머니였다.[26]

세계에 던져진 자로서, **실향자**Heimatlose로서 안거安居를 찾는 우리에게는 안거할 수 있는 집이 필요하다. 그 집은 우리를 '감싸 안는' 장소이며, 감싸 안기는 느낌, 어머니의 품이 주는 아늑함의 느낌이 없다면 안거할 수 있는 집이 아닐 것이다.

그 집은 우리를 키워주는 교육 주체이기도 하다. 우리가 언제나 어린아이가 되어도 좋은 장소인 그 집은, 바슐라르가 강조하는 바대로, 우리의 심력을 강화하여 우리를 이 세계에 바로 세워주는 교육적 가치가 있다. 바슐라르는 보스코가 묘사하는 저항하는 집이 거주자에게 '저항'에 대해 가르쳐준다고 쓴다. 폭풍우라는 동물 떼에 저항하는 집은 "인간을 우주적인 용맹으로 불러 간다"는 것이다. "어떤 것을 향해서라도 또 어떤 것에 대항해서라도 집은 우리들이 이렇게 말하도록 도와준다: 나는 이 세계가 싫어하더라도 이 세계의 거주자가 되겠다."[27] 즉, 이 지구에 존재하는 모든 참된 모성애의 주체처럼, 안거할 수 있는 모든 집은, 우리에게 이 거친 세계를, 우리에게 호의적이지 않을 수도 있는 이 세계를 당당히 살아갈 용기를 준다. 우리 자신을 할퀴고 물어뜯을 수도 있는 모든 가능성의 험지를 우리는 돌파해야만 하며, 우리가 그곳을 돌파할 수 있으리라는 자신감과 용기를, 어떤 집은 선사한다.

우리가 우리의 집과 일터 주위에서 찾아내고 찾아가야 할 성지는 바로 이런 의미의 집이다. 그곳은 집 밖에 있는 또 다른 집, 우리의 영혼이 안식할 수 있는 안식의 별채일 것이다. 어딘가에 숨어 있는 이 자연의 성소에서 우리는, 바슐라르가 말한, '거주함'이라는 것의 본질의 강렬함[28]을 느껴야 한다. 또는 그곳에서 영적 고향Heimat에 도달했다는 안도감과 더불어 우리 자신을 더는 실향자라고 느끼지 않아야 한다. 이렇게 될 때, 우리는 참으로 안거하며, 안거한 자의 여유를 회복하고, 우리 자신의 이상으로 돌아오게 된다.

어떤 이상으로 돌아온단 말인가? 안거할 때, 인간은 '적음'으로, 소박함으로 귀향한다. "많음은 동요"[29]이며, 동시에 소란함과 미혹됨의 연원("다즉혹多則惑"[30])이고, 안거할 때 우리는 우리 안의 '많음의 존재'를 탈피한다.

앞서 이미 말했지만, 우리를 모성으로 품어주고 우리에게 힘을 주는 것은 성지만이 아니라 길 자체이기도 하다. 때로, 길은 부모를 잃어버린 아이가 애타게 찾는 부모와도 같은 역할을 한다. 자기가 누구인지, 어떤 삶을 원하는지 도무지 모르겠는, 혼돈에 빠진 이는 길 위에 올라야 한다. 실직한 자, 낙담한 자, 이정표를 잃은 자, 상처받은 자는 길을 걸어야 한다. 내가 어떤 상태이든, 내가 얼마나 성취했든, 내가 얼마나 곤고하든, 아무 말 없이 나를 있는 그대로 받아주는 존재. 길은 때로 이런 존재가 되어준다. 이런 길은, 보스코의 집처럼, 크나큰 모성의 존재다.

지상에서 더 갈 곳 없는 이가 마지막 피난처로 삼는 장소가 다름 아닌 길 위라는 사실도 길의 모성에 관한 우리의 확신에 힘을 보태준다. 노숙자(홈리스, 즉 집 없는 자), 유랑자, 집시, 떠돌이 노동자, 퇴거당한 자들을 길은 결코 내치는 법이 없다. 갈 곳을 모두 잃은 이들은 길이라는 지상의 마지막 품에 안긴다.

이렇듯, 길은 '품'이며, 우리를 쉬게 해주고, 우리를 어디론가 안내해준다.

그러니, 당신만의 길을, 당신만의 걷기를, 걸어서 찾아갈 당신만의 성지를 찾아냈다면, 당신 역시 근심하지 말고 안심하라. 그런 길이라면 그저 발을 옮기기만 해도 길이 알아서 우리를 새로운 땅으로 데려가 줄 테니.

3장

느림,
전환과 전복

우리 동네의 산은 야트막해서 오르기 쉬운 오르막길이 많다. 장대한 암산에서 흔히 만날 수 있는 급경사의 돌길이 아니라 완만한 경사의 흙길이다. 이런 길을 얼마간 올라가노라면, 마음이 절로 순해짐을 느끼곤 한다. 숨이 차오르면서 몸이 알아서 겸손함으로 기울어지기 때문이고, 흙길은 칼처럼 날카롭고 사납고 차가운 느낌이 아니라 양털처럼 부드럽고 곱고 따뜻한 느낌으로 산책자에게 다가오기 때문이다. 어떤 오르막길은 영혼을 승복시키는 선율이다.

물론, 오르막길에서 이런 체험을 하려면 서둘러 당도하려는 의지를 접고, 의지를 정반대 방향으로 돌려야 한다. 그러나 나는 그러한 느림의 의지를 때로 극대화해보곤 한다. 몸으로 실현 가능한 느림의 끝장을 경험해보려는 것이다.

우리에게 걷기의 실체를 알려주는 것은 바로 이 끝장의 느림이다. 본디 걷기는 무의식이 관장하는 운동 영역에 속한다. 우리는 무심결에, 무심코 걷는 이들이 아니던가. 오르막길에서 발걸음 속도를 극도로 낮추어볼 때, 나는 걷기를 무의식의 영역에서 의식의 영역으로 올려놓는다. 마치 걸음마를 처음 배우는 12개월짜리 어린애처럼, 오로지 걷기에만 의식의 초점을 집중해 보는 것이다. 이렇게 아다지시모(adagissimo, 매우 느리게)로 몇 걸음 전진해 보면, 그제야 걷기의 신비한 차원이 서서히 제 모습을 드러내기 시작한다. 발과 무릎과 오금과 종아리와 허벅지의 근육이 하나의 곡조가 되어 몸으로 나타나는 한걸음, 한 걸음이, 여름 밤하늘의 큰곰자리만큼이나 경이롭게 느껴지는 시간이 찾아오는 것이다.

이런 경이로움은 맨발 걷기(맨발 걷기를 고상한 말로는 어씽 earthing이라 부른다)의 순간에 가장 잘 체험된다. 맨발로 흙길을 밟을 때, 보행자는 발의 신경세포들이 활발히 활동하는 활동 주체들임을 처음으로 인지하게 된다. 아니, 발이 양말과 신발 과 방과 집과 도시라는 육중한 감옥에서 해방될 때, 발에 걸려 있던 족쇄가 사라졌을 때, 보행자에게 발은 새로운 인지 대상 으로 떠오르게 되는데, 정확히 말해서 이 '떠오름'은 (인간과 자 신의) 발에 관한 기존 에피스테메epistemé의 '무너짐'이라는 사 건의 뒷면이다.

이처럼 오르막길에서 보행자는, 자신이 원하기만 한다면 **느 림**을 살며 감성과 이성의 신세계를 경험한다. 하지만 여기서 느 림은 단순히 사물의 속도를 지시하는 말이 아니다. 느린 속도 로 걷는 사람이 고민거리로 인해 마음이 분주하거나 산만하다 면, 그 사람은 느림을 사는 이가 전혀 아닐 것이다.

느림은 마음의 한가로움, 조용함의 다른 말이다. 한 역사학 자가 묘사한 고대 로마 경기장의 관중은 무엇이 한가로움인지 를 역설적으로 말해준다. 그 관중은 "환호하고 야유를 보내며 이빨을 쑤셔대고 트림을 하고는 수선을 떨며 또 다른 오락거리를 논의"한다. 그리고 그가 보기에 "사사건건 의견이 많은 이런 유형의 사람은 대개 지식인"이다.[31] 반면, 느림을 사는 이는 이런 관중 또는 지식인의 유형과는 정반대의 유형일 것이다. 마음이 한가롭고 조용할 때 우리는 느림 속에 있으며, 이런 느림만이 완보의 걷기를 유의미하게 한다. 마음이 한가하고 조용하다면 그때는 자연도 그 사람의 것이다. "강산과 풍월은 본래 일정한 주인이 없고, 오직 한가로운 사람이 바로 주인"이라 하지 않았던가.[32]

느림은 마음의 기술이되, 시간을 다루는 기술이기도 하다. 느림은 주어진 시간을 부드럽게 다루는 능력이다. 철학자 피에르 쌍소Pierre Sansot가 간명히 정리했듯, 느림은 "시간을 성급히 다루지 않겠다는 의지의 (…) 확인"[33]이다. 시간을 부드럽게 다루는 이는, 시간을 자기 마음대로 다룬다. 시간의 지배를 받지 않고, 시간을 지배하는 자로서 시간을 떡 주무르듯이 주무르는 것이다. 시간의 부자. 시간이 넘쳐나기에 딱히 특정 행동을 고집할 이유가 사라진 자. 이런 사람이 바로 느림의 주인공이다.

그러나 마음과 시간을 다루는 기술을 먼저 습득한 연후에야 비로소 느림의 걷기를 시작할 수 있는 것이 아니다. 정확히 그 반대로 사건은 일어난다. 느림에 관심을 두고만 있다면, 사실 아무렇게나 걷기를 시작해도 좋다. 우리가 해야 할 일이란 발걸음을 옮기며 걷기 자체에 집중하는 것뿐이다. 나머지는 거의 '자동 완성'된다. 걷기가 지속되면 보행자의 심신은 차차 안정 모드로 전환되고, 어느 순간 세계 자체로, 보행자 자신에게로 관심을 돌릴 여유가 찾아오기 때문이다. 그동안 시간과 자신을 지나치게 거칠게 대했음을, 마음의 분주함과 산란함이라는 어둠 속에 있었음을, 문득 깨닫는 시간은 그런 여유의 산물이다. 이런 깨달음과 더불어 느림은 자연스럽게 보행자의 **존재양식**이 된다.

느림이 보행자의 존재양식이 될 때, 시간은 휘발되지 않고 보행자와 함께 머무르며, 삶의 경험은 풍요로워진다. 풍요 대신 증폭, 확장이라는 말을 써도 좋을 것이다. 탐험가이자 출판인인 알링 카게Erling Kagge의 표현대로 "걸을 때 삶은 늘어난다. 걷기는 시간을 확장한다."[34] 우리에게 주어진 시간이란 "향기와 소리, 계획과 날씨로 가득 찬 항아리"[35]와도 같으며, 걷기로 느림의 맛을 보는 보행자는 크고 넓은 항아리 같은 시간을 경험한다.

느림이 걷기와 만나 결혼할 때, 비로소 걷기에는 특유의 맛이 배어 나오지만, 이 맛을 단순히 '느리게 걷는 맛'이라 해서는 안 된다. 이 맛은 바라보는 여유(제주어로는 **바릿너흐**)의 맛, 즉 응시의 기쁨을 재발견하는 맛이고, 세계를 상미詳味하는 맛이며, 무언가와 친교하려는 마음새의 맛이며, 어떤 행동도 도모하지 않는 맛, 임의任意에 발걸음을 내맡기는 맛이고, 우주 만물의 리듬인 느림에 자기의 리듬을 합치시키는 맛이다. 걷기로 느림을 사는 이는 누구도 짐작 못 할, 자기만의 시간의 규율에 따라 흘러갈 뿐인 물길을 닮는다.

바라보는 여유, 바릴너흐를 자기 안에서 느끼는 시간, 보행자는 때로 **응시의 기적**을 경험하기도 한다. 우선, 보행자는 자기의 발걸음 하나하나에 따라, 시선의 각도와 응시하는 시간에 따라 경험되는 사물의 실재, 즉 실제적 사물의 경험내용이 달라짐을 알아챈다. 즉, 응시와 걸음에 관한 자신의 태도에 따라 완전히 다른 사물 경험이 가능하다는 사실을, 또는 "우리가 인지하는 것이 우리의 집중에 따라 달라진다"[36]는 사실을 알아채는 것이다. 물론 전제는 응시할 만한 매력을 지닌 사물의 등장이겠지만, 이 사물에 관한 경험의 깊이는 응시자의 태도나 집중도에 따라 완전히 달라진다는 사실을 깨닫는 것이 중요하다. 이것을 깨닫게 되면, 보행자의 발걸음은, 보이는 사물의 매혹에 이끌리며, 자연스럽게 느려질 수밖에는 없다. 그리고 그 느림과 더불어 어떤 전환이 찾아온다. 보행이 중요한 것이 아니라 응시가 중요하다는 생각의 전환 말이다. 그렇게 응시하는 시간에 잠시 머물며 보행자는 때로 주체에서 대상으로 향하는 일방향적 응시가 아니라, 상대편과 대화하려는 응시, 상대편의 응시까지도 알아채는 응시를 실천한다. 응시 대상의 주체성, 응시 대상인 사물의 '깊이'마저 감지해내는 기적 같은 시간에 부딪치는 것이다. 응시 이전엔 주체와 대상이었지만, 응시의 시간이 지속되면서 이제는 주체와 주체의 만남이다.

　이런 식으로 잠시 사물과 사귀는 보행자는 말을 포기하고 침묵에 머문다. 그때, 보행자 자신이, 하나의 주체이며 깊이를 지닌 사물에 경의를 표현할 방편이란, 막스 피카르트Max Picard가 말한 대로 침묵밖에는 없기 때문이다. 막스 피카르트는 모든 사물의 내부에는 '실체의 토대'가 존재한다며, 이 토대를 인간은 말이 아니라 침묵으로 대할 수밖에 없다고 말한다. 왜냐하면 그 실체의 토대는 "말보다도 훨씬 더 먼 곳에서 기원"하기 때문이고, "대상이 말에 미치지 못하기 때문이 아니라 말이 대상에 미치지 못하기 때문"이다. 이럴 때 우리 인간이 그 대상에 경의를 표하며 다가설 방법이란 오직 침묵뿐이다.[37]

　그러나 이것은 단지 말을 포기한다는 것이 아니다. 이것은 '말'로 상징되는 인간의 편협함, 오만함, 섣부름에서 해방된다는 것, 모든 사물의 실체적 토대인 지구의 원물질 그리고 그 원물질의 토대인 지구를 알아챈다는 것이다. 사실, 이것이야말로 느림의 걷기로 가능한 응시의 기적이다. 완보의 걷기를 실천하는 보행자는 때로 사물 앞에 머물며, 주체들의 교향(곡)인 지구를 느낀다.

느리게 걸어가는 여행자의 한 가지 미덕은 불편감, 피로감을 감내하는 능력이다. 이런 이유로 느린 도보여행은 모든 종류의 불편함이나 고생을 죄악시하며 편리함과 고속처리를 예찬하는 기술자본주의 체제의 에토스ethos와도 대립한다. 편리함을 제1의 원칙으로 삼을 때 우리는 심신의 쾌적함, 신속 간편한 만족이라는 이익을 쉽게 얻을 수는 있을 것이다. 하지만 그때 우리는 우리 자신의 육신과 정신으로 어떤 난제를 어렵게, 어렵게 극복하는 가운데서만 얻게 되는 배움과 보람, 성취감과 자긍심을 얻어내기란 불가능하다. 더군다나 편리함에만 복종할 때, 우리는 만족을 얻는 대신 반드시, 그 편리함을 가능케 하는 테크놀로지의 노예가 되어야만 한다. 느림의 원칙을 고수하는 도보여행자의 일면은, 이런 유형의 삶과 태도에서 거리를 둠이다.

이처럼 느림을 실천하는 보행자는 촘촘한 스케줄과 고민거리가 가득한 분주한 일상생활의 밖으로만이 아니라 기술자본주의 체제의 가치 체계 밖으로도 빠져나온다. 하지만 그(녀)가 빠져나온 곳은 저 중국화가 치우잉仇英이 그린 도화원桃花源이나 조선화가 안견安堅이 그린 몽유도원夢遊桃園 같은 비현실의 세계, 현실에는 없고 꿈에서만 볼 수 있는 도피처가 아니다. 정반대로 그곳은 태양-지구의 관계 속에서, 지구의 자전·공전 운동이라는 유일무이한 물리적 지평에서 자신만의 삶의 시간을 살아가고 있는 자연 만물의 존재 거점이며, 바로 이런 의미로서의 '지상地上'이다. 걷기란 "지상에 뿌리내리는 몸의 승리"[38]
이며, 보행자가 속한 공간은 사이버 공간이나 밀폐 공간이 아
니라 하늘과 구름 아래 역사를 거느린 땅, 수많은 다른 생물들
과 삶을 함께 하는 삶의 공공지대, 초지와 습지, 농지와 공장과
도로가 소재한, 특정한 지질로 구성된 지구의 표면, 흙먼지나
새소리나 나무가 있는 시골길과 숲길, 도시의 보행로이다.

느림의 걷기는 되돌려놓는다. 판타지를 현실로 되돌려놓는
다. 동시에 그 걷기는 되돌려놓는다. 정신 사나움을 조용함으
로, 번다함을 한가함으로, 오만함을 겸손함으로, 성마름을 느
긋함으로, 공포감을 태연함으로, 불안감을 차분함으로.

이것은 회복이되, 동시에 전복이다. 느림의 걷기로 보행자는
뒤바뀐다. 사물을 객체나 도구로 응시하던 태도는 사물을 주
체나 목적으로 대하는 태도로, 지구에 대한 무관심은 자기 가
까이에서 존재하고 있던 지구에 대한 자각으로, 편리함만을
추구하던 태도는 어려움에 기꺼이 응전하는 태도로, 맹목적으
로 흘러가던 삶의 자동운동은 목적성 있는 삶이 무엇인지에
관한 멈춤의 사색으로 뒤바뀐다.

이처럼 느림의 걷기 안에 칩거하며 우리는 저항하고, 탈출하
고, 되돌아가고, 휴식하고, 알아차리고, 그러는 가운데 우리 자
신을, 우리 자신의 정신과 삶을 새로이 하며 전진한다.

24시간형, 고속형 소비주의 문화가 팽배한 서울 같은 대도

시에 살며 소비자들의 24시간 소비를 아래에서 지탱해주어야 하는 편의점 노동자나 쉴 새 없이 도로를 달려야 겨우 생계가 유지되는 배송 노동자들에게 이런 느림의 담론은 역겨운 이야기이거나 뜬구름 잡는 이야기일지도 모른다. 그러나 삶의 맹목적 자동운동에 저항하며 자기 삶의 목적으로 생각을 돌려보는 정지와 느림의 시간은, 모두에게 더없이 귀중하다.

4장

걷기라는 처방전

스마트폰을 사용하는 인간, 즉 포노 사피엔스Phono Sapiens의 출현이 새 시대를 연다고 생각하는 이들이 보기에, 스마트폰은 인간의 필수품을 넘어 인간의 일부다. 스마트폰은 사용자 외부에 있는 기기가 아니라 사용자의 연장된 신체 같은 것이다. 스마트폰 테크놀로지 예찬론자들에 따르면, 포노 사피엔스는 이 '외부 장기'를 통해 새로운 정보를 신속히 흡수하며 새로운 삶의 길을 걸어간다.

그러나 이러한 새로운 '발걸음'은 두터운 어두움을 거느리고 있다. 우리를 즐겁게 해주고 유익하게 해주어야 할 한갓 도구가 도리어 우리의 정서와 일상과 삶을 지배하는 현상이 종종 벌어지기 때문이다. 이런 전도 현상은 심지어 새로운 질병을 양산하기도 했다. 극단적 사례는 '노모포비아No Mobile Phone Phobia'라는 질병이다. 이 질병을 앓는 이들은 스마트폰이 수중에 없을 때 극심한 정서불안과 공포감Phobia에 시달린다고 한다.

스마트폰이 없으면 도무지 마음이 진정되지 않는 이런 질병의 원인은 무엇일까? 스마트폰(디지털) 중독의 한 면모는 분명 '새로운 것novelty' 중독일 것이다. 물론 이것은 이해할 만한 것이다. 새로운 것은 얼마나 힘이 세던가. 석기 시대부터 인간의 두뇌는 새로운 자극을 먼저 처리해왔다. 왜 석기 시대일까? 석기 시대에 이런 식의 두뇌 반응은 생존의 필수 요건이었다. 예컨대, 만일 "사자가 나타났다면 당장 모든 두뇌 활동은 이 위험에만 집중해야만" 하기 때문이다. 이런 까닭에 이 같은 식의 두뇌 반응을 전문가들은 '석기 시대 반응'이라고 표현한다.[39] 인터넷의 바다를 표류하며 석기 시대 반응을 이어갈 때, 우리의 뇌는 이제 막 우리 자신의 필요가 충족될 것 같다는 뇌의 시그널인 도파민dopamine을 방출하는데, 이때 우리는 강렬한 쾌감을 느끼게 된다. 그리하여 우리는 "심지어 우리의 눈이 피곤해지고 우리의 뇌가 친구들의 포스트를 인식하기를 멈춘 이후에도 페이스북 화면 앞에 우리의 몸을 수그린다."[40] 문제는 새로운 필요물을 발견할 때 느끼는 쾌감이, 그것을 발견하는 과정상의 피로감 일체를 능히 압도해버린다는 것이다. 쾌감과 피로감에 관한 성찰이 때로 찾아들지만, 피로가 회복되면 쾌감의 기억은 우리를 같은 행동으로 다시금 끌고 간다.

새것 중독 또는 **네오필리아**(neophilia, 새것을 향한 열정과 사랑)가 디지털 중독의 유일한 연원은 아닐 것이다. 오프라인 세계에서는 쉽사리 얻기 어려워도 인터넷 플랫폼에 들어서면 상대적으로 얻기 쉬운 타인의 (가짜 pseudo) 위로와 인정, 그리고 그로써 가능한 (가짜 pseudo) 자존감은 이 중독의 또 다른 중요한 원인일 것이다. 이 자존감을 찾아 우리는 오늘도 인터넷 플랫폼에서 "두 번째 삶"[41]을 살아가며 자기표현, 자기과시라는 삶의 업무를 수행하느라 바쁘지만, 영혼의 공허함은 좀처럼 메워지기 어렵다. 자존감 확인이라는 이 과업에 댓글 대화는 필수

과정이다. 댓글을 매질로 건축되는, 우정과 위로와 인정의 안온한 온라인 공동체는 언제나 타인의 신뢰와 사랑을 받고 싶어 하는(즉, 옥시토신oxytocin 방출을 필요로 하는) 우리에게 한편으로 의미 있는 심리적 순기능을 할 것이다. 하지만 실제의 친밀감과 우정, 이것이 보장하는 내밀하고 깊은 만족감으로 이어지지 못할 수도 있고, 접속이 끊기면 현실에서는 사라지고 마는 임시성·휘발성의 공동체라는 점에서 이 가상 공동체는 언제나 위태롭기만 하다.

디지털 중독을 유발하는 또 다른 중요한 기제는 아마도 불안감일 것이다. '새것'을 신속히 흡수하여 시류에 편승하지 않으면, 남들은 다 알지만 자기만 모르는 '행복의 뉴노멀new normal'에서 도태될 것만 같은 불안감. 무리의 안이 아니라 밖에 있을 때 우리가 느끼는 불안감. 바로 이것이 우리를 쉴 새 없는 접속과 뉴스 폭식과 다운로드와 업데이트라는 롤러코스터로 인도한다. 그리하여 우리는 스마트폰 속으로, 인터넷 플랫폼으로 기꺼이 달려간다. 하지만 달려가는 것일까, 내몰리는 것일까?

새것을 만나는 쾌감, 위로감(자존감 확인), 불안감 해소라는 이 삼중의, 상호 맞물린 심리 기제는 모바일 접속이라는 삶의 기계를 돌리며, 접속자로 하여금 자신의 중독을 스스로 합리화하도록 부추긴다.

그러나 모바일 접속이 주는 만족감에는 심대한 규모의 비용

이 감춰져 있다. 심신의 피로, 평정심 상실, 집중력 저하, 산만함 또는 집중력 결핍증ADD, attention deficit disorder, 이로 인한 생산성 저하는 지출된 비용(손해)의 일부 항목에 불과하다. 사회적 고립 상태와 비-고립 상태를 구별하기 어렵기에 '뭐든 혼자 해도 괜찮다'는 식의 사고방식, 그리고 그로 인한, 대면 만남의 축소, 우정의 결핍도 생각해봐야 한다. 지구생태계에 해를 가하고 있거나 가할 수 있는 파괴적 에너지원(화석연료, 핵연료)에 자발적으로 종속되는 상태를 뜻하는 **전기 중독** 역시 지출 항목에 포함되어야 한다. 안정된 인터넷 통신망과 항시적 전력 공급이라는 두 조건이 전제되어야만 스마트폰 접속이 가능하고, 우리 시대의 발전發電은 지금도 화석연료나 핵원료(우라늄)에 크게 의존하고 있기 때문이다. 더욱이, 인터넷 접속 화면에 묶여 있는 시간이란 곧 이 세계의 물리적 현실에 오감각을 노출하며 우리 자신의 육체적 자아를 실현할 수 없는 시간, 대지(지구)와 우리 자신 사이의 연결이 끊어진 시간이기도 하다. 마이티 Mighty 모바일 접속의 즐거움은 이처럼 두꺼운 부피의 어둠을 거느리고 있다. 모바일 중독으로 인한 공포증이나 만성 스트레스는 이 기본적인 어둠에 덧쌓이는 어둠일 뿐이다.

그러므로 인터넷 접속 화면에 고정되어만 있던 시선을, 움직이지 않고 고정되어 있던 육체를 자연물이 있는 물리적 세계로 방생하는 활동인 걷기는, 이러한 두터운 어둠을 삶의 자리에서 털어내는 행동이다. 즉, 오늘날 포노 사피엔스의 일원으로서 살아가는 이에게 걷기란 디지털 중독 탓에 초래되던 불필요한 비용 지출을 잠시간이나마 멈추는 '누수 정지'라는 성격도 지닌다.

하지만 걷기는 단순히 지출 억제(비용 절감) 행위가 아니라 일종의 생산 행위임이 인식되어야만 한다. 걷기로 많은 것이 생산될 수 있겠지만, 가장 먼저 이야기해야 하는 기초적 생산물은 정서의 건강(또는 뇌의 건강)일 것이다.

정서 안정을 도모하는 이라면, 걸어야 한다. 자신에게 중요한 사람으로부터 사랑(인정)받고 있다는 확신, 자신감(자신력), 마음의 평온을 의미하는 호르몬(신경전달물질)인 세로토닌 serotonin의 수치는 걸을 때 상승한다고 알려져 있다. 하지만 무턱대고 걷는다고 세로토닌 수치가 증가하는 것은 아니다. 전문가들은 세로토닌 수치를 높이고 싶다면, 머릿속을 비우며 걸어야 한다고 조언한다.[42]

디지털 중독에 빠져 있던 시간에서 홀홀 벗어나 머릿속을 비우며 발걸음을 길 위에 옮겨갈 때, 보행자는 차츰 복잡함을 벗어나 **단순함**으로 이동한다.

73

그러나 무엇이 단순함일까? 우리 시대에 단순함은 결코 간단한 주제가 아니다.

우선, 단순함은 후기 자본주의 사회에서 우리가 경험하고 있는 결정적인 스트레스에서 해방된 상태를 지시한다. 자유무역 질서의 전면적 세계화, 소비주의, 정보사회, 하이테크 자본주의를 특징으로 하는 후기 자본주의 사회에서 우리는 다름 아닌 **과다선택자유**로 인해 극심한 불행을 경험하고 있다. 심리학자 베리 슈워츠Barry Schwartz가 지적한 그대로, 끊임없는 부의 증가와 그로 인한 선택 자유의 지속적(과다) 증가는 행복이 아니라 불행으로 우리를 이끈다. 지나치게 많은 상품과 광고, 뉴스와 방송 채널 사이에서 "어느 하나를 선택해야만 하는 사람은 자유를 맛보는 게 아니라 치솟는 스트레스에 시달릴 뿐"이다.[43] 즉, 과량이 아니라 소량의 선택지가 행복과는 더 가깝다는 단순한 진리에 눈을 떠야만 한다.

그러나 이 스트레스에서 해방되려는 우리의 전략은 선택의 폭을 제한하는 것이 아니라 과다선택의 자유 자체, 선택의 기회 자체를 줄이거나 거부하는 것이어야 한다. 즉, 과다선택만이 룰rule이 되는 판 자체 또는 '꼭 선택해야만 한다'는 옥박지름 자체에 노출되는 시간을 최소화해야 한다. 단순함은 이런 최소화를 위한 마음의 기율이자 이런 최소화의 결실로서 누리게 되는 마음의 상태, 이 양자를 동시에 지칭한다. 우리 시대에 단순함은 외부에서 자신의 자유를 침탈해오는 무언가를 거부하며 자신을 지키는 능력이며, 동시에 이 능력의 개진을 통해 체험되는 행복의 상태다.

하지만 외부의 침탈로부터 지키고자 하는 자신의 자유, 그 내용물은 무엇일까? 그것은 그저 마음 내키는 대로 선택할 자유만은 아닐 것이다. 지켜야 하는 자유의 핵심적 내용물을 지칭하는 가장 훌륭한 단어는 어쩌면 **단순함**일 것이다. 잠깐이 아니라 지속적으로 우리 자신을 만족시키는 것, 우리의 영혼 저 깊은 곳을 충분히 만족시키는 것, 우리 자신의 존재의 성취, 일생의 성취와 관계되는 것, 우리의 영혼과 심력을 키워주는 것을 삶(행위)의 중심에 세우고, 비록 어마어마한 쾌감을 주지만 일시적이거나 허망한 것들, 시간을 낭비했다는 뒷맛을 남기는 것 모두를 삶(행위)의 주변으로 밀어버리거나 삶에서 삭제해버리는 인생의 기율이 바로 단순함이기 때문이다.

물론 이런 의미의 단순함은 물질에 대한 소유욕 자체를 일정하게 통제하는 것, 그럼으로써 단순한 생활의 맛을 즐기는 것을 내포한다. 소유욕과 소비욕을 상대적으로 적게 채우면서도 또는 자연에 대한 생태적 압력을 줄이면서도(산다는 것이 곧 자연에 대한 생태적 압력을 가하는 것이므로), 충분히 행복하고 자유롭고 보람 있는 삶이 가능하다는 확신이 전제되지 않으면, 단순함이라는 기율은 어느 개인에게도 내면화되기 어렵다.

걷기는 우리를 단순함으로 인도하며, 단순함의 가치를 우리에게 가르치고, 우리가 단순함을 내면화하도록 돕는다. 모든 걷기는 단순함을 연마하는 행동, 즉 **단순함의 수행**이다. 이 수행으로 우리는 단순한 심신의 상태에서만 맛볼 수 있는 행복의 소쇄瀟灑한 맛에 도달한다. 물론 위빠사나 명상이나 요가 같은 활동도 비슷한 효과를 낼 것이다. 하지만 걷기는 명상이나 요가보다 훨씬 더 평민적이고 보편적이다. 우리의 발 그리고 그 발이 좋아하는 길은, 이 세상 누구라도 단순함의 자유로 올라설 수 있다고 속삭인다.

어느 날 나는《논어》를 읽다가 '거경이행간居敬而行簡'이라는 문구를 발견하고는 무릎을 쳤다. 거동할 때는 경敬을 다하고 행동은 간략하게 하라는 뜻의 문구이지만, 내가 무릎을 친 것은 이런 뜻 때문이 아니라 걷기의 비밀이 이 문구에 등장하는 두 글자, 경敬과 간簡에 담겨 있기 때문이었다. 경敬의 뜻은 우변에 있는 '칠 복攵' 자에 담겨 있는데, '채찍질함'을 뜻한다. 나쁜 상태로 추락하지 않도록 자기를 매질한다는 것이 경敬의 본뜻이다. 그런데 걸을 때 우리는 언제나 경敬의 동작으로, 즉 넘어지지 않도록 우리 자신을 매질하면서 걷지 않던가. 우리는 언제나 무너지려는 몸을 회복하면서 걷는다.《백과전서 Encyclopédie》(1751~1771)의 '걷기' 항목에서 집필자 루이 드 조쿠 Louis de Jaucourt가 썼듯, 걷기란 몸이 무너지지 않는 방식으로

몸을 전진시키는 활동이다.[44]

걷기의 의미를 탐구하는 이에게 간簡은 경敬보다 더 경이로운 낱말이다. 이 낱말의 본뜻은 '대나무에 쓴 글'이다. 훗날, 이 글자는 '짧게 조금만 씀', '말을 적게 함', '줄여서 말함'이라는 뜻을 지니게 되는데, 이것이 전이되어 '간단함'을 뜻하게 된다. 간단함이야말로 걷기의 결정적 성격이다. 걷기의 정수essence는 실존의 단순화 또는 실존의 미니멀리즘이기 때문이다.

왜 걷기가 단순함의 수행인가? 우선, 걷기를 구성하는 인체의 동작 (이중진자운동) 자체가 극도로 단순한 동작이다. 보행자의 몸은 이 반복 동작의 지속 속에서 단순화된 리듬을 만들어낸다. 걷기는 이 단순 리듬을 세계에 발산하는 활동이다.

둘째, 보행자는 필요물을 단순화한 사람이다. 그(녀)는 건강한 두 다리와 두 발, 옷과 물병, 시계와 지도(아마도 스마트폰 앱), 그리고 시간과 길을 빼놓으면 거의 아무것도 필요로 하지 않는다. 같은 맥락에서 사회학자 다비드 르 브르통David Le Breton은 "가지고 가는 짐은 (…) 가장 기초적인 것으로 제한하지 않으면 안 된다"며, 걷기를 "헐벗음의 훈련"이라고 정의하고 있다.[45] 보행자는 거추장스러운 모든 것을 벗어던진 상태를 유지하는 사람이다.

걷기 시작한 이는 선택 자유가 과도하게 넘쳐나는 시공간과도, 새것들novelty의 홍수와도 잠시 작별한다. 걷기를 결행한 이는 이미 중요한 것을 선택한 사람이다. 그(녀)는 단순함을 선택한 것이다.

그리고 충분히 걸어 걷기가 '무르익으면' 보행자는 마음의 단순함이라는 빛나는 결과물을 얻어내기도 한다. 만일 보행자가 걷는 동안 마음이 홀가분하고 깨끗해졌다고 느낀다면, 그건 마음이 단순해졌기 때문이지 다른 이유에서가 아니다. 분주함으로 보행자를 내몰았던 하루의 계획들, 들끓던 욕망, 골칫거리나 복잡다단한 감정, 얽히고설켜 있지만 실은 별반 의미는 없는 심상의 실타래는 걷기가 무르익는 시간에는 어디론가 꼬리를 감추고 만다.

이 단순한 마음의 실체는 크게 세 가지일 것이다. 첫째, 과욕에서 해방된 마음이다. 이것은 조출한 욕심으로 살아가는, 인간 외 다른 자연물의 상태에 근접함이기도 하다. 이 상태에 근접할 때 보행자는 도시나 마을의 풍속이 아니라 지구의 풍속을 자신의 것으로 받아들이기 쉽다. 둘째, 자신에게 단 한 번뿐인 이 생애에서 진정 중요한 것과 덜 중요한 것이 가지런하게 정돈됨이다. 이것은 마치 태풍의 강펀치를 맞고 잠시 얽히고설킨 가지들이 다시 풀려 나무의 모양새가 제 모습을 찾는 것과도 같다. 그러나 단순한 마음에는 이런 것들보다 더 중요한 면모가 있다. 그것은 '자신이 바라는 자신'에 대한 발견, 그리고 그것으로 인해 가능한 솔직함과 (솔직하기에) 분방함이다. 일찍이 프랑스 목사 샤를 와그너Charles Wagner는 자신의 저서《단순한 삶》에서 "인간은 자신이 원하는 존재방식에 가장 큰 관심을 기울일 때 (…) 가장 단순하다"고 썼는데[46] 단순함의 핵심을 찌른 대목이다. 만물의 단순성을 알아채는 동시에 자신의 마음이 점점 더 그 단순함으로 기울어짐을 느끼며, '이것이야말로 나 자신이 원했던 상태'라고 느끼는 보행자라면 '자신이 바라는 자신'을 찾아낸 사람일 것이다. 그리고 우리가 솔직함에 머물며 안도하는 것은 바로 이런 느낌 속에서이다. 물론, 솔직해도 좋으며 솔직한 것이야말로 가장 좋은 상태이기에, 보행자는 그 어떤 것의 굴레에도 얽매이지 않는 마음, 즉 분방한 마음에 가까워진다.

'나 자신으로 있는 것이 가장 좋은 상태'이며 '그 상태야말로 나 자신이 바라던 나 자신의 상태'라는 (보행자의) 확신의 출처는 자연 만물이기 쉽다. 샤를 와그너의 표현으로는 "깊은 평온 속에서 완전히 안정된 상태로" 살아가는 꽃과 나무와 동물들이기 쉽다. 그러나 평온과 안정의 구현체는 생물만이 아니라 무생물이기도 하다. 꽃과 나무와 동물을 거론한 후 샤를 와그너는 이렇게 쓰고 있다. "떨어지는 빗속에, 깨어나는 아침 속에, 바다로 내달리는 시냇물 속에는 어떤 확신이 존재한다. 존재하는 모든 것은 이렇게 말하는 듯하다. **나는 존재한다, 고로 존재해야 한다.** 여기에는 합당한 이유가 있으니, 안심하라.""(강조는 필자)[47] 길 위에서 우리가 우리 자신의 단순함과 평온함을 체험한다면, 만물이 지닌 이런 속성에 우리 자신도 모르는 사이 감화되었을 가능성이 높다.

아마도 우리는 조용히 바느질을 하거나 좌선 삼매에 드는 행동으로써 첫째 면모와 둘째 면모의 단순한 마음에 이를 수 있을 것이다. 하지만, 자연 만물이 거하고 있는 물리적 세계 속으로 물리적 실체인 자신의 심신을 던져 넣으며, 자기 존재를 세계에 전시하고 자기 아닌 자연물을 감득하면서도 자기 자신에게 몰두할 수 있는 활동인 걷기와 같은 활동을 실행함으로써 우리는 세 번째 면모의 단순한 마음, 즉 솔직함과 분방함에 더 잘 다가설 수 있다.

앞서, 나는 걷기가 무르익으면 단순한 마음에 도달할 수 있다고 썼다. 하지만 '걷기가 무르익는다'는 것은 무슨 말일까? 단순한 마음이 우리의 몸에서 나타나는 어떤 과정을 '무르익는다' 같은 문학적 수사를 동원하지 않고 표현하기란 거의 불가능하다. 물론 '무르익는다'는 수사는 너무나도 모호하며 주관적이고 그렇기에 무책임하지만, 이런 수사에 기대지 않을 도리도 달리 없을 것이다.

그렇다면 '무르익음'과 관련해서는 다른 질문이 더 중요할지 모른다. 가령, '어떻게 하면 당신이 말한 '무르익은 걷기'를 체험할 수 있을까?' '어떻게 걸어야 비로소 걷기는 무르익게 될까?'

같은 질문 말이다. 걷기를 무르익게 하려면, 꼭 지켜야 하는 원칙이 한 가지 있다. 역설적으로 들리겠지만, 그것은 '아무것도 의도하지 않는다'는 원칙이다. 걷는 동안에 무언가를, 신체의 건강이나 단순한 마음 같은 결실을 얻으려고 노력하지 않는 것. 마음자리에서 '목표'를 내려놓는 것, 노력하지 않는 것. 목표를 내려놓고 애쓰려는 의지를 포기하면 '무르익음' 같은 화학적 변이는 저절로 시작된다고 나는 감히 말하고 싶다.

그리하여 길 위에서 점차 단순함에 기울어질 때, 단순함과 하나 될 때, 오직 "내가 걷는 동안에만 나를 부를" 어떤 소박함이[48] 내 안에 깃들 때, 나는 나도 모르는 사이에 솔직함과 분방함이라는 형태로 나타나기 쉬울 마음의 평정으로 다가서게 된다. 세로토닌 수치의 상승은 이런 대전환의 임상의학적 표현일 뿐이다. 단순함이, 지극한 단순함의 상태인 솔직함과 분방함, 마음의 평정 자체가 실로 귀중한 성취임을, 그리고 이 성취가 모든 참된 성취들을 가능하게 하는 탄탄한 기반임을 인식해야 한다. 산책의 시간이 이런 기본기 다지기의 시간임을, 나는 오랜 산책을 통해 깨달았다.

디지털 중독, 과다선택자유보다는 우울증이나 불면증이 문제인 사람에게, 어떤 울화나 분노, 응어리, 불안감과 공포감이 가슴에 쌓여 늘 요동치곤 하는 사람에게 이런 이야기는 꽤나 한가한 이야기로 들릴지 모른다. 당장 빵 한 조각이 필요한 사람에게 이국 취향의 미식 이야기는 듣그럽기만 할 뿐이다.

그러나 우울증, 불면증으로 고생하는 이에게도 걷기는 최고의 치료약으로 꼽히고 있다. 우울증은 "뇌 내의 세로토닌 또는 노르아드레날린이라는 호르몬이 부족한 상태"에 다름 아니며, 우리는 걷기로 이 호르몬 수치를 높일 수 있기 때문이다.[49] 40개 이상의 언어를 다룰 줄 알았다는 19세기 영국인 조지 버로 George Burrow에게 이런 의학 지식은 아마도 없었을 것이다. 하지만 조지 버로가 자신의 우울증을 스스로 치료하기 위해 선택한 활동은 바로 걷기였다. 그는 영국을 걸었고, 프랑스, 스페인, 포르투갈, 러시아, 그리고 모로코까지 걸었는데, 그에게 걷기는 "자신의 슬픔을 넘어서는 수단"이었다.[50] 조지 버로의 손자뻘인 영국 시인 에드워드 토마스 Edward Thomas에게도 옛길 걷기는 우울증에서 탈출하는 방법의 하나였다.[51]

불면증 환자에게도 걷기는 자가 치유의 길이다. 특히 오전에 걸어야 좋은데, 아침 햇볕을 쬐면 14~16시간 후 수면 호르몬인 멜라토닌 melatonin이 잘 분비되기 때문이다.[52] 걷기는 교감신경과 부교감신경의 적절한 균형을 만들어내는 데도 효과가 커서,

수면처럼 부교감신경 활성화가 필요한 활동이 무난하도록 도와준다. 마음의 평정과 자신감(높은 세로토닌 수치)이 질 높은 수면의 조건이므로 세로토닌 수치를 높이는 걷기는 분명 쾌적한 수면을 이끌어낸다.

하지만 어떻게 걸어야 세로토닌 수치를 최대로 높이면서 우울과 불면이 범접하지 못하는 최적의 심신 상태로 이동할 수 있을까?

내게는 자기만의 성지를 찾아가는 조촐한 순례의 걷기가 그런 걷기로 보인다. 존 뮤어John Muir는 밖으로 나가는 여행이 곧 안으로 들어가는 여행이라고 썼다. 어떤 바깥 풍경은 우리를 우리 자신의 내면 깊은 곳으로, 충분히, 들어가게 해준다. 라틴어 '로치 아모에니loci amoeni'는 기분 좋은 장소를 뜻한다. '제니우스 로치genius loci'는 어떤 장소가 지닌 영성을 뜻한다. 우리의 집이나 일터 근처에서 기분을 좋게 하는 장소나 영성을 지닌 장소를 찾아내야 한다. 자기 자신이 지금 살아 있다는 사실을 한결 더 생생히 느끼게 해줄, 자기만의 애틋한 성지를.

린쇼텐Linschoten은 이런 의미의 성지를 "그 자신의 내밀한 중심으로 쏠려 있는 풍경"이 있는 장소라고 말한다. 그런데 린쇼텐은 "태곳적의 근원으로 회귀한" 산책자만이 이런 장소를 감지할 수 있다고 썼다.[53] 그러니까 린쇼텐이 강조하는 것은, 풍경만이 아니라 우리 자신도 우리 자신의 내밀한 중심으로 쏠려 있어야 한다는 것이다. 즉, 막연히 순례길에 오르는 것보다 **순례자가 되는 것**이 더 중요하다. 순례길을 걷는 동안, 우리는 이 우주에 만연한 리듬인 느림과 일치해야 한다. 모든 발걸음은, 순례길에 만나는 모든 사물은 수단이 아니라 목적이 되어야 한다. 자기와 만나고 우주와 또는 만물과 만나는 일 외의 모든 번다한 마음의 일은 자기 밖으로 내버려야 한다.

그리고 이런 순례길에서 "자신의 내밀한 중심으로 쏠려 있는 풍경"을 문득 만난다면, 그곳이 다름 아닌 각자의 성지가 될 것이다.

이런 성지의 경험 이후, 아마도 우리는 순례를 시작하기 전과는 상당히 다른 우리 자신이 되어 일상으로 돌아올 것이다. 하지만 단순히 돌아와서는 안 된다. 우리는 그 풍경의 이미지와 정화력을, 그 정화력에 물들던 시간의 느낌을 우리의 내면으로 모셔 와야 한다. 철학자 프레데리크 그로의 말처럼 "우리의 보물, 우리의 진짜 재산은 우리가 받아들여 간직한 심상의 합"[54]이고, 그 심상이 우리를 치유하는 치유제 역할을 할 수 있기 때문이다.

그러나 여기서 한 걸음 더 나아가야 한다. 만일 그 풍경의 심상을 모셔야 우리 안에 하나의 치유력으로 간직할 수 있다면, 이제는 우리가 남을 도울 차례다. 어떤 산책이 순례로 성숙하고 완성될 때, 산책자는 치유 받는 자에서 치유하는 자로 진화해간다. 같은 맥락에서, 영국 순례 단체인 게이트키퍼 트러스트Gatekeeper Trust는 순례자의 발걸음을 통해 대지(지구)가 빛(밝은 곳)으로 바뀔 수 있다고 믿는다. 이 단체가 자주 인용하는 다음의 옛 문구는 우리에게도 값지다. "모든 순례는 빛의 발자국을 남긴다."[55] 순례는 순례자를 치유하며, 치유된 순례자는 무언가를 향해 빛을 낸다. 빛을 내지 않는다면, 치유되지 않은 것이다.

걷기는 걷기밖에 하지 못하게 된 무기력한 상태로 퇴보하는 행동이 전혀 아니다. 정반대로 걷기에는 무기력한 자에서 활기찬 자로의, 치유 받아야 할 처지에 있는 자에서 치유할 수 있는 자로의, 존재의 전복이라는 가능성이 물결치고 있다.

5장

혼삶,
괴로움과 즐거움

'1인 생활 시대'라는 말은 오늘날, 두렵지만 받아들여야 하는 현실의 언어가 되어 있다. 2019년 기준 한국 내 1인 가구 비중이 29%라는 통계는 1인 생활 시대가 미래가 아닌 현재의 풍속임을 여실히 말해준다. '혼족', '혼삶' 같은 단어는 결코 무색무취의 신조어는 아닌 셈이다.

하지만 '혼족'이라는 말이 빚어내는 기대치와 실제 간에는 커다란 간극이 있다. 이 시대의 '혼족'은 결코 혼자 지내는 법이 없기 때문이다. 이들은 스마트폰으로 인터넷에 접속하며 살아가는 인간, 즉 포노 사피엔스들로 살아가기 쉽다. 포노 사피엔스로 살면 좋은 점도 많다. 한 가지는 인터넷 접속이 열어주는 가상의 집에 칩거하며, 댓글로 누군가와 소통하며 우리의 미미한 존재감을, 고독을, 허우룩함을, 고립감을 쉽게 떨쳐낼 수 있다는 점이다. 언제라도 온라인 소셜 네트워킹을 혼자서도 실행할 수 있는 오늘의 웹-스마트폰 환경은, '결핍이 곧 실존의 본질적 성격'인 우리 인간으로서는 최상의 정신적 거주 환경이 아닐 수 없다. 이 만능의 집 안으로 들어오기만 한다면, 누구나 고립무원孤立無援이라는 지경은 면하게 된다.

사정이 이러하므로 우리 시대의 혼족은 고독을 즐기는 이가 아닐 가능성이 크다.

늘 인터넷에 접속하려는 마음새를 힐난하려는 건 아니다. 우리가 어떤 존재인지를 곰곰 생각해보면, 그것이 딱히 부자연스러운 마음새도 아니지 않은가. 우리는 타인과 의사소통할 때 마음 편한 이들이며, 어떤 집단에 소속됨으로써만 안심하는 종족이기도 하다. 공동체 바깥에 외따로 남겨진 국외자局外者의 처지를 회피하려는 성향은, 되레 자연스럽다. 외롭다는 뜻의 한자 고孤는 부정적 뉘앙스를 지니고 있다. 처음 만들어졌을 당시 이 단어는 '부모 없는 아이', '홀로 된 아이'를 뜻했고, 훗날 와전되어 '외롭다', '외따로' 등을 뜻하게 된다.[56] 한자 문화권에서 '외로움'과 '불행'이라는 아이디어는 태생부터가 이렇게 근친이었다.

웹-스마트폰 환경은 개인이 자신에게 닥친 위난에 대처하는 데도 도움이 된다. 2020년 COVID-19 사태에 관한 최신 정보를 스마트폰 유저들이 실시간으로 접할 수 있었던 것도 감염병 확산세 완화에 도움이 되지 않았던가.

그러나 다른 각도에서 보면, 늘 SNS에 접속해서 누군가와 소통하지 않으면 마음이 불편한 상태란 고독을 견디지 못하는 상태를, 또는 독립된 개인으로서 자기만의 힘으로 생각하고 결정하고 행동하고 음미하는 능력의 핍진을, 동료 압박peer pressure이라는 사회적 압력에 휘둘리기 쉬움을 지시한다. SNS에 자신의 고민거리나 자랑거리나 기분을 토로하느라 부심했던 시간은, 그걸 혼자서, 느긋이 곱씹어보거나 바라보는 여유의 부재를 방증한다. 인터넷에서 핫Hot한 정보나 상품을 찾고 그것을 득得하느라 극성스레 골몰했던 시간은, 주류에 편승하지 않으면 심기가 불편하거나 나 아닌 타인이나 보편성의 기준으로 나 자신의 삶을 재단해온 현실을 말해준다. 그리고 이 모두는 고독을 편안히 즐길 능력이 있는 독립된 주체의 위축을 의미한다.

혼삶의 주인공, 혼족이 얼마나 증가하든, 이러한 주체는 계속해서 감소하고 있는 것이 아닐까. 어쩌면, 심각한 수준의 능력의 퇴화가 계속되고 있는지도 모른다.

걷기란 무엇보다도 **혼자 있는 즐거움, 고독을 즐기는 능력**에 관한 것이다. 걷는 맛을 충분히 맛보려는 이는 무엇보다도 혼자되기부터 감행해야 하기 때문이다. 프레데리크 그로가 강조했듯, "걷기 위해서는 혼자여야 한다. (…) 이번에는 정말 혼자여야 한다."[57]

각종 소셜 네트워크에서 잠시 자가격리되어 있어도, 아니 바로 그렇기 때문에 도리어 외롭지 않고 즐겁기만 한 시간. 이런 시간에 관한 감각은 홀로 걸어보는 행동으로 가장 쉽게 감득될 수 있기도 하다. 도보여행을 하던 벤자민 조웻 Benjamin Jowett도 쓰지 않았던가. "혼자 있을 때 가장 외롭지 않다"고.[58]

홀로 있기에 느끼는 가든하다는 감정과 행복감. 한국어 '소연蕭然함'은 이런 감정을 뜻하는 단어다. 소연함은 이리저리, 정처 없이, 목적 없이 홀로 거니는 산책자의 기본적인 감정 상태다.[59] 산책자가 길의 안으로 걸어 들어갈 때, 그(녀)는 자신의 고독 속으로 걸어 들어가며, 오직 그 속에서만 볼 수 있는 행복을 맛본다. 안치운은 산의 옛길을 걷는다는 것이 곧 "공포이며 고독"이지만 "동시에 강렬한 행복"이라고 쓰고 있다.[60] 만일 자기 혼자만의 산책에 중독된 이가 있다면, 실은 소연함에 중독된 것이다.

소연함이라는 것이 실재한다면, 대체 그건 어떻게 가능한 걸까? 이 감정의 발원지는 '혼자 있음' 그 자체는 아닐 것이다. 혼자 길에 나선 산책자는 소셜 네트워크에서 분리되어 있다는 의미에서는 혼자이지만, 대자연이라는 새로운 동반자를 만난다는 의미에서는 결코 혼자가 아니다. "문밖에서, 자연은 내게 충분한 동반자이다. 그럴 때, 나는 혼자 있어 가장 덜 외롭다"[61]고 토로할 산책자가 윌리엄 해즐릿William Hazlitt 한 사람만은 아닐 것이다.

하지만 자연을 동반자 삼을 때, 산책자는 페이스북이나 인스타그램에 꽂았던 접속의 플러그를 자연에 옮겨 꽂는 것이 아니다. 그때 산책자는 자연에 접속한다기보다는 자연과 새로운 대화를 시작한다. 산책자는 자연에 접속해서 자연을 게걸스럽게 섭취하거나 자기의 것으로 가져오느라 조급해하지 않는다. 그보다는 일상생활에서 했던 방식의 대화와는 결이 다른 대화를 시작한다. 장 지오노Jean Giono에게 자연은 **세계의 노래**를 알려주는 언어였고, 자연에 나감이란 새로운 대화를 시작함이었다.[62] 마찬가지로, 산책자는 세계의 노래에 부딪힌다. 또는 세계의 노래는 산책자의 오감에 밀물처럼 부딪쳐 오고, 세계의 노래에 새롭게 눈뜬 시간의 감흥은 썰물이 남긴 자리처럼 산책자의 마음에 깊은 흔적을 남긴다.

이것은 학습의 경험이라기보다는 우정의 경험이다. 일찍이 걷기에 관해 심오한 성찰을 했던 프레데리크 그로도 혼자 걸으며 자연과 만나는 보행자가 우정을 경험한다고 쓰고 있다. 그로가 보기에, 우정의 대상은 자연의 소리일 수도 있고 장소일 수도 있다.

자연 속에 잠긴다는 것은 영원한 간청과도 같다. 나무들과 꽃들, 길의 색깔 등 모든 것들이 당신에게 말을 걸고, 인사를 하고, 관심을 가져달라고 요구한다. 바람의 숨소리, 곤충들이 윙윙거리는 소리, 시냇물이 흐르는 소리, 발을 땅에 내딛는 소리. 이 온갖 살랑거림이 당신의 현존에 화답한다. 심지어는 빗소리까지도. 가볍고 부드러운 빗소리는 당신과 함께 걸어가는 **영원한 동무**다.[63](강조는 인용자)

길을 걷는 사람은 혼자가 아니다. 걷다 보면 나무와 꽃 등 우리를 둘러싸고 있는 모든 살아 있는 것들에게서 **호감**을 얻기 때문이다. 이 정도가 되면 때로는 그냥 단순히 방문하기 위해 걸을 때도 있다. 녹음이 우거져 있는 구석진 장소나, 작은 숲, 또는 자줏빛 계곡을 방문하기도 한다. (…) **그곳이 나를 기다리고 있으니** 걸어서 그곳에 가야만 한다. 그러면 천천히 걸어가는 길과 발밑의 단단한 땅, 저 멀리 보이는 언덕, 키 큰 나무들이 서 있는 숲 등 모든 것을 다시 만나게 된다. 즉, 그것들은 **나랑 알고 지내는 사이**이다.[64](강조는 인용자)

달리 말해, 빗소리 같은 자연의 소리와 걷고 있는 나 사이에, 작은 숲이나 거기로 난 길과 나 사이에, 우정이, 사귐이, 친교가 성립하는 것이다. 하지만 이 우정, 사귐, 친교는 오로지 내가 홀로, 그리고 자발적으로 내 두 발, 두 다리를 움직여 걸어갈 때만, 즉 고독에 나를 가둔 후, 그 갇힌 나를 걷기를 통해 풀어주는 시간에만 성립한다. 홀로 걷는 산책자가 소연함의 행복감에 젖어 있다면, 그 행복감은 자기 영혼에 집중하게 되었다는 상황의 확인에서도 나오겠지만 자기 아닌 무언가와 나누는 우정의 느낌에서도 나올 것이다.

따라서 혼자 걷고 있는 산책자나 도보여행자의 경험을 해명하려는 철학에는 역설의 존재론이 필요하다. 고독을 즐기는 산책자는 무언가에 늘 접속하던 상태에서 비-접속 상태로 자신을 방생放生하는데, 언뜻 견디기 어려울 것 같은 이 철두철미한 자가격리의 상황이 도리어 산책자 자신을 새로운 인연과 사귐의 세계로 데려다준다. 만물을 멀리 두고 원거리에서 보니, 도리어 만물이 살가워진다. 혼자 걷는 산책자에게 예정된 체험은 이와 같은 역설의 체험이다. 그런즉, '놓아버림으로써 되레 붙잡음', '비움으로써 되레 채움', '간박簡朴해짐으로써 되레 풍요로워짐'이라는 노자老子식 가르침의 진리성을 혼자 걷는 산책자는 실감한다.

그런데 토마스 베리Thomas Berry의 생각으로는, 자연의 만물과 우정의 교감을 나누는 일이란 한 인간이 참된 자기를 이루는 데 필수적인 요건이다. 베리에 따르면, 우리가 살아가는 이 지구의 만물 사이에는 우정의 관계가 흘러넘치고 있다. 즉, 우리의 눈에는 거의 보이지 않지만, 만물은 각자의 방식으로 서로 친교를 나누고 있다. 그리고 이러한 만물 간의 친교를 알아채지 못하고서는, 나아가 스스로 만물과 친교하지 않고서는 어느 인간도 참다운 자기 자신이 될 수는 없다.

삼림지대의 사슴, 들판을 가로지르는 여우, 겨울을 나기 위해 남으로 춤추며 날아가는 나비, 먼 하늘로 솟아오르는 매, 우리 정원에 찾아온 벌새, 저녁 무렵에 서로 신호들을 주고받는 반딧불이들을 보라. 이외에도 어디에도 매이지 않는 자연 상태의 동물들과의 수많은 만남들을 생각해보라.

이런 순간들은 우리들에게 우주가 약탈의 대상이 아니라 서로 교제할 주체들로 이루어져 있음을 깨닫게 한다. (…) 이런 순간이야말로 우리가 진정 자기 자신이 되는 순간이며, 가장 인간다운 모습으로 자기실현을 이루는 아주 드문 순간이다.[65]

아이들은 우주 전체와 만물 가운데 존재하는 "우정의 관계"를 경험한다. (…) 사실상 우리는 지구 전역에 걸쳐 있는 이런 동반자들 없이는 결코 참된 자기 자신이 될 수 없다.[66]

만일 이러한 생각에 우리가 동의할 수 있다면, 우리는 또한 고독한 산책로가 열어주는 자연물과의 친교의 기회가 단순히 무언가(누군가)와 사귈 기회만이 아니라 산책자 자신의 자기실현 또는 자기 되기를 위한 기회이기도 하다는 점에도 동의할 수 있지 않을까.

혼자만의 산책은 고립 상태에 처함으로써 외로움과 단절과 소외의 상태에서 벗어나는 신묘한 삶의 기술이다. 산책의 신神은 우리에게 속삭이는 듯하다. 그대는 고립과 친구 없음과 인정받지 못함을 걱정하지 말라. 그보다는, 홀로 산책하는 시간이 적은 것은 아닌지를 걱정하라.

6장

나 자신으로
존재하는 즐거움

걷는다고 해서, 삶의 여러 문제가 저절로 해결되지는 않을 것이다. 그러나 걷기에는 분명 약효가 있다. 확실히 말할 수 있는 약효는, 심신을 안정시킨다는 것, 불안, 걱정, 공포감, 우울을 해소한다는 것, 그리고 그 와중에 자신력을 증진한다는 것이다. 우리의 불신의 대상은 남이기보다는 되레 우리 자신의 능력, 가능성, 미래이기 쉽고, 불안과 걱정, 두려움과 우울은 자기 불신에서 싹트기 쉽기 때문이다.

하지만 왜 걷기는 이런 약효가 있는 걸까? 막 걷기 시작할 때, 보행자는 얼마간 얼떨떨한 느낌의 상태에서 걷기 마련이다. 그러나 일정 시간을 넘게 걷노라면, 신체의 리듬은 걷기에 맞도록 조율되기 시작한다. 연주하기 좋게 튜닝된 악기처럼, 몸이 걷기에 맞게 튜닝되는 것이다. 중요한 건 이때 걷기의 주체가 보행자 자신이나 보행자의 의식이라기보다는 자율보행하는 신체임을 알아채는 것이다. 우리의 신체는 '이중 진자운동double pendulum'의 형식으로만 걷는다. 한 발과 다리가 지면에서 이탈하여 앞으로 곡선 형태의 움직임으로 나아가는 것이 첫 번째 진자운동이다. 이때 잘 살펴보면, 다른 발뒤꿈치가 신체의 무게를 전부 감당하고 있음을 알 수 있다. 공중에 뜬 발의 뒤꿈치가 다시 지면에 닿고, 이어 그 발의 발가락이 지면에 닿을 때까지가 '순서를 바꾸는 진자운동inverted pendulum'이다. 그 발이 지면에 닿은 뒤, 다른 발뒤꿈치가 지면에서 떨어지면, 이번엔

반대로 앞서 움직였던 발의 뒤꿈치가 몸의 무게를 전부 감당한다. 이렇게 전환이 되면, 두 번째 진자운동이 시작된다. 걷기란 이러한 이중 사이클을 수없이 복제하는 활동이며, 자율보행 속에서 이 복제는 자동화된다. 이 같은 복제의 자동화는 보행자의 심장박동을 안정시키고 보행자의 마음 역시 점차 진정시키는 효과를 낸다.

　보행자의 신체는 유동하는 세계, 불확실성과 위험성이 엄존하는 세계를 극도로 간단한 동작을 반복하며 헤쳐갈 수 있는 구심점, 즉 자아에 의해 통합된 물리적 실체이기도 하다. 걷기는 시야에 완전히 들어오지 않았던 미지未知의 물리 영역 안으로 진입하며 그 물리 영역의 현실감을 감득하는 활동이기도 해서, 보행자는 자기 신체가 한 걸음, 한 걸음 전진하며 불확실성을 지속적으로 제거하는 신체, 즉 모종의 극복 능력이 있는 신체라는 기본적인 사실에, 부지불식간에, 안심한다. 즉, 자기도 모르는 사이에 보행자는 일종의 자기 신뢰의 상태에 놓이는 것이다. 물론 이때의 자기 신뢰감은 매우 기초적인 수준의 것이고, 분명히 감지하기도 어려운 성격의 느낌이긴 하다. 그러나 우리의 삶 자체가 미래라 불리는 미지의 시공간으로 나아가는 움직임, 즉 일종의 걷기이며, 그렇기에 미지의 시공간으로 문제없이 나아가는 걷기의 체험은 그 체험 주체에게 실제의 삶에서도 무리 없이 나아갈 수 있으리라는 자신감을 은연히 선사한다.

하지만, 이것보다 더 기본적인 것이 있다. 걷기란 걸을 수 있는 능력을 보행자 스스로 확인하는 행동이자 외부로 표현하며 전시하는 행동이다. 걸을 수 있다는 것은 인류사 대부분의 시간과 장소에서, 위험요소가 즐비한 이 세상에서 어떻게든 생존해갈 수 있으리라는 것을 의미했다. 반대로 걸을 수 없다는 것은 생존하는 데 어려움을 겪을 수 있다는 것을 의미했다. 극단적으로 말하면 그것은 "한 인간에게는 죽음을 알리는 종소리"[67]였다.

하지만 사태가 이러했던 건, 단지 두 다리가 말짱하기만 하면 위험한 상황에서 도망칠 수 있었기 때문만은 아니다. 철학자 한나 아렌트Hannah Arendt가 지적한 대로 "말과 행위가 없는 삶은 말 그대로 세계에 대해서 죽은 삶"[68]이며, 세계를 살아가는 인간의 행위 중 가장 기초적인 행위, 인간의 모든 행위를 떠받치는 행위가 걷기이기 때문일 것이다.

더욱이, 걷기에는 인간의 수많은 능력이 동원된다. 우리 중 그 누구도 그러함을 인지하지 않은 채 걷겠지만, "우리가 한 걸음 내디딜 때, 우리의 근육, 관절, 감각 기관, 뇌, 심지어 우리의 상상력, 이 모두가 동원되는"[69] 것이다. 걷기란 이런 다양한 능력의 동시 발현을 스스로 확인하면서 그 능력을 외부로 전시하는 행동이다.

그렇다면, 걸을 수 있는 능력의 자기 확인인 걷기는 인간의 모든 자신감의 기저에 있는 자신감을 건드리는 행위임에 틀림 없다. 걷기는, 인간의 모든 자신감, 그 맨 아래에 있는 기초 자신감을 견고히 한다. 견고한 자신감에는 다른 이름이 필요한데, 자신력自信力이라는 단어가 합당할 것이다. 걷기는, 앞으로도 한 인간으로서 이 세상을 떳떳이 걸어갈 수 있을 것이라는 개인의 자신력을 **생산**해낸다.

걷기의 이런 생산 효과는 걷기의 실제가 **자기와 일치하기** 또는 **자기 되기**라는 사업임을 넌지시 암시한다. 경제활동이 주활동이 되는 일상 속에서는 "흔히 자아[자기]의 변두리에 내던져졌"[70]던 우리는 걷는 동안만큼은 자기의 중심으로 돌아온다. 또는 중심을 확보한 자신으로 돌아온다.

자기 되기라는 사업의 출발점은 자기 대면이다. 보행자는 외부의 풍경이나 사물보다 자기 자신을 먼저 대면하기 쉽다. 자신이 아니라 몸이 알아서 걷고 있음을 알아채며, 보행자는 자기가 걷는 종족임을 알아챈다. 하지만, 이것은 전환의 시작에 불과하다. 자율보행의 주체가 된 보행자는 보행 외 다른 활동, 즉 감지하거나 생각하는 데 에너지를 투자하기 시작한다. 숨이 턱막히는 장관 앞에서라면 하염없는 응시가 보행자의 시간을 채우겠지만, 그러지 않는 한 보행자는 생각에, 특히 자기에 관한 생각에 이끌리기 쉽다. 걷기란 "자신의 내면에 틀어박히는"[71] 활동임을, "걷기와 (내면의) 조용함이 서로에게 속한"[72] 활동임을 진정한 보행자들은 알고 있다. 그(녀)들은 또한 알고 있다. 다른 시간이 아닌 걷는 시간에 자기 영혼의 목소리가 자기에게 가장 잘 들려온다는 사실을. 나 자신이 진정으로 원하는 내가 누구인지, 나 자신이 지금 진정 원하는 바가 무엇인지, 내가 무엇 때문에 고통받고 있었는지가, 걷는 시간만큼 내게 잘 알려지는 시간은 없다. 또는 알링 카게처럼 "당신의 발이야말로 당신의 최고의 친구이며, 발은 당신이 누구인지를 말해준다"[73]고 말해도 좋을 것이다. "내가 혼자 두 발로 걸었을 때만큼 깊이 생각하고, 깊이 존재하고, 깊이 살고, 깊이 나 자신이었던 적은 없었다"[74]는 장-자크 루소Jean-Jacques Rousseau의 고백은 진실된 것이다. 앤토니아 말칙도 루소와 비슷하게 생각한다. 그녀가 보기에 걷기는 "우리에게 우리 자신의 내밀한 영혼으로 나 있는 길을 보여준다."[75]

자기 자신, 자신의 꿈과 목적에 관한 앎의 획득 과정을 **자기 친교**라 부르면 어떨까. 잘 걷는 사람은 자기와 잘 사귀는 사람이다. 키에르케고르는 "(걷는) 동작의 도움으로 나는 나 자신을 퍽 잘 받아들일 수 있는 사람이 되었다"고 썼다.[76] 하지만 우리가 우리 자신을 잘 받아들인다는 건 무슨 말일까? 아마도 그것은 완벽주의로부터 자신을 해방시킴을 포함할 것이다. 우리자신이 불완전하며, 오점과 약점, 오류를 지닌 이들임을, 그 상태를 극복하려고 굳이 애쓸 필요가 없음을 알아채는 일. 자신과 잘 사귀는 이가 있다면, 자신을 지금 상태 그대로 직시하고 그 모습 그대로를 수용하며, 그 모습의 한계 속에서 자신의 이상을 기획하는 사람일 것이다.

그런데, 신경과학은 인간의 **자긍심**self-esteem이 뇌 안의 디폴트 모드 네트워크Default Mode Network의 활성화와 관련 깊다고 말하고 있다[77]. 우리 뇌 안에 있는 이 뇌 신경망은 우리가 목적 지향적 행동으로부터 자유로워질 때, 달리 말해 무위 상태가 될 때 (몽상을 즐기거나 잠을 잘 때, 의식불명 상태가 될 때) 또는 "그저 떠오르는 대로 생각의 물결을 따라갈 때", 자신에 관해 생각할 때(자신이 곧 생각의 대상이 될 때) 활성화된다.[78] 그렇다면 얼마간 길을 걸으며 목적 지향의 삶을 살았던 시간에서 해방되어 오로지 우리 자신에게만 집중할 때, 우리는 이 중요한 뇌 신경망을 재활성화하며 자긍심을 높이고 있을 가능성이 크다.

걷기가 단순히 길이라는 바다에 사지를 저어가는 육체 운동이 아니라 심신의 안정, 자기 신뢰, 자기 친교, 자긍심의 향상이라는 결과로 이어지는 정신 활동이라는 점이 인지되면, 이제 모든 것이 자명해진다. 걷기의 궁극적 목적telos이 자기와 일치하는 즐거움, 즉 다른 누군가가 아니라 **자기로 존재하는 즐거움**이라는 사실이.

하지만 자기로 존재하는 즐거움은 자기애, 자아도취의 즐거움이 전혀 아니다. 걷기로 인한 자기의 강화, 자기 일치, 자기됨은 폐쇄적이고 이기적인 자아의 강화라는 결과를 낳지 않는다. 실상은 정반대이다. 걷기로 가능한 자기됨은 자기 비움, 자기 확장으로 귀결된다.

이런 전환 또는 성숙의 매질은 걷기로 인해 체험되는 **허심탄회함** 또는 **자아의 퇴각**이다. 에리히 프롬은 1976년의 저술 《소유냐 존재냐》에서 소유 지향의 인간과 존재 지향의 인간(존재적 인간)을 구분했는데, 그가 보기에 존재 지향의 인간은 외부 자극체에 임해 허심탄회한 태도로 유연히 대응하는 인간이다. 또한 존재 지향의 인간은 자기가 살아 있다는 것만으로도 자신력이 충만하며 그렇기에 굳이 자기를 고집하지 않는 인간이다. 즉, "존재적 인간은 자신이 존재한다는 것, 자기가 살아 있다는 것, 기탄없이 응답할 용기만 지니면 새로운 무엇이 탄생하리라는 사실에 자신을 맡긴다."[79] 걷기에 칩거할 때, 보행자는 프롬이 말한 존재 지향의 인간, 허심탄회함의 주체가 되어, 이런 내맡김으로 돌아간다.

같은 맥락에서 프롬은 **새로운 인간**의 필요성을 역설하며 새로운 인간의 성격구조를 서술했는데, 그 한 요소는 놀랍게도 이러하다.

나 자신 외에는 그 누구도, 그 어떤 사물도 나의 삶에 의미를 주지 않는다는 사실을 받아들이는 것. 이같이 투철한 독립과 무nothingness,

Nichtheit의 상태로의 귀의는 베풀고 나누어 가지는 데에 헌신하는 완전한 사회참여의 전제가 될 수 있다.[80]

　자기 삶에 의미를 부여하는 우주 내 유일한 실체가 자기 자신이라는 믿음, 이를 통한 자기의 주인됨이 이기성의 강화가 아니라 이타성의 강화로 이어질 수 있다는 통찰이 여기에는 있다.

　자아의 중심이 견고해지지만, 그것이 곧 자아의 확장이 되는 상태. 그런 상태에 우리는 걷기를 통해서 도달할 수 있다. 알링카게는 걸을 때 자아의 강화와 자아의 퇴각이 동시에 일어난다고 쓰고 있다. "걸으며 나는 나 자신을 잠시간 완전히 망각하는 동시에 나만의 삶의 중심이 된다"[81]고 고백하는 것이다. 미하이 칙센트미하이Mihaly Csikszentmihalyi 역시 '플로우flow'라는 개념을 통해 집중 또는 전념의 경험이 어떻게 자아의 확장을 낳는지 이야기한다. 그에 따르면, 플로우 경험은 "어느 개인의 목표를 성취하는 과정에 집중(력)이 자유롭게 투자되는" 경험을 뜻한다. 그런데 "이것을 얻게 된 이들은 더 강인하고, 더 자신감 넘치는 자아로 발전하게 된다."[82] 하지만 이 강인하며 자신감 넘치는 자아는 오직 자신에게만 집중하는 자아가 아니다. 오히려 "플로우 에피소드가 끝날 때, 그 사람은 이전보다 더 자기 자신과 '함께' 하고 있다고 느낄 뿐만 아니라 다른 사람들, 세계와도 함께 있다고 느낀다."[83] 걷기에서도 비슷한 경험이 가능해서, 자기에게 전념하며 자기와의 일치를 경험하는 보행자는 내밀한 충족감 속에서 타자와 쉽게 손잡을 수 있는, 외부에 대해 유연하기 그지없는 자신을 발견하기 쉽다.

걷기로 가능한 이러한 뜻밖의 자기 전환은, 발걸음을 떼기 전의 상태와는 퍽이나 다른 새로운 자기 자신이 되었다는 점에서 일종의 자기 초극이다. 노자老子가 말한 '자기를 아는 사람', '자기를 이겨낸 사람'[84]이 되는 방법, 프롬이 말한 새로운 인간이 되는 방법이 분명 길 위에는 있다.

물론 걷기 시작하며 자기 초극 같은 것을 의도하는 사람은 아마도 없을 것이다. 어느 보행자도 자기 일치 같은 것을 기획하며 길 위에 오르지는 않는다. 어쩌면 대부분의 걷기에서 대다수의 우리는 자기 일치를 도모하기보다는 우리 자신이 이미 '이것이야말로 나 자신'이라고 여기고 있는 무언가, 즉 자신의 사회적 지위, 스타일, 성격, 자아를 표현하는 데 급급할지도 모른다. "가톨릭 사제는 마치 천국이 자신에게 귀속되어 있기라도 한 것처럼 걷고, 반대로 개신교 목사는 자신이 천국을 임대하기라도 한 것처럼 걷는다"[85]고 하인리히 하이네Heinrich Heine도 쓰지 않았던가. 보행 동작을 우스꽝스럽게 해서 보는 이의 웃음을 자아내던 배우 찰리 채플린Charlie Chaplin의 전략 또한 우리는 잘 알고 있다. 걷는 모양새를 뜻하는 단어인 '걸음걸이'라는 단어의 대중적 사용은 우리에게 걷는 모양새가 얼마나 중요한지를 함축적으로 보여준다. 많은 이들에게 걷기란 그저 자기를 표현하는 하나의 수단일 뿐일 것이다.

하지만 다른 유형의 보행자도 이 세상에는 분명 있다. 어쩌면 걷기를 선택했다기보다는 걷기로 내몰린, 그래서 차라리 걷기로 피난했다고 말하는 것이 온당한 이에게, 자기 일치와 자기 초극의 길은 자연스럽게 열린다. 걷기라는 피난처 안으로는 빛줄기가 잘 들어온다.

7장
|||||||||||

무위의 인간,
호모 오티오수스

'행위'가 기승을 부리고 있다. 행위는 넘쳐나고, 강요하고, 윽박지르고, 우리를 몰아세우고 있다. 쉴 틈 없는 생산과 소비와 커뮤니케이션이 이 시대의 삶의 대원칙이며, 거의 모두가 단 한 순간이라도 생산과 소비와 커뮤니케이션을 수행하지 않으면 생존할 수 없거나 행복할 수 없다. 심지어 노는 것 말고는 할 일이 없어야 할 어린이들마저도 교육열의 희생자가 되어 빠듯한 스케줄의 압박 속에서, '어서 (공부를) 하라'는 윽박지름 속에서 살고 있다. 아무런 목적 없이 흘려보내는 시간이란 결코 있을 수 없는 시간이기에 별칭이 필요한데, 멍청한 (자의) 행동이라는 뜻의 '멍 때리기'라는 문구는 그래서 적실하다. 무목적, 무행위의 상태는 결코 바람직한 상태나 정상의 상태가 되어서는 안 되는 시대를 우리는 그간 살아왔다.

　그러나 우리가 행한 그 숱한 행위들은 곧 우리 자신이었을까? 우리가 행하는 행위가 우리 자신과 일치할 때, 혼신을 다해 우리의 손으로 짓고 빚고 짜고 깎을 때, 그림 그리고 춤추고 노래할 때, 우리는 사는 기쁨에 전율할 것이다. 그러나 대부분의 우리는 대부분의 시간 동안 이렇게 행동할 수는 없다. 대부분의 우리가 대부분의 시간 동안 행하는 행위는 우리 자신이 전혀 아니며, 그 행위 앞에서, 그 행위 속에서, 우리는 사실 거의 아무것도 아니다.

　그러니, 우리에게는 행위에서 벗어나 우리 자신으로 돌아가는 시간이 절박하다. 아니, 반공리주의자들이 주장하는 것처럼 모든 목적에서 해방되어 오로지 자기 자신의 실현에만 집중하는 일 자체가 인생의 중요한 목적으로 인정되어야 한다. 힌두교에서 말하는 네 가지 인생의 목적 중 하나는 모크샤moksha인데, 모크샤는 모든 목적으로부터 해방되어 영적 가치의 추구에만 집중함을 뜻한다. 누구에게나 모크샤라는 목적에만 집중하는 시간이 긴요하다는 점이 인정되어야 하지 않을까. 이익, 보람, 소명(의무), 심지어 행복 같은 세속적 목적에서 해방되어 오직 자기만의 '캐릭터character'를 조형하는 것에만 집중할 시간이, 요컨대 **자기목적적인**autotelic **시간**이 모든 이에게 보장되어야 하지 않을까. 달리 말해, 사회학자 오노프리오 로마노Onofrio Romano가 말한 것처럼 "가능한 한 많은 이들이 자기 자신을 실현할 수 있는 기회를 누려야 하며, 자기 자신이 누군지, 무엇이 되고 싶은지 표현해야"[86] 하지 않을까.

이런 뜻에서, 걷기는 기적의 시간이다. 자기 목적적인 시간은 걷기로 가장 쉽게 실현 가능하기 때문이다. 또는 철학자 볼노가 간명히 정리한 것처럼 "목적으로부터의 해방"이야말로 "도보여행의 본질"이기 때문이다.[87]

하지만 자기목적적인 시간이 도보여행으로 체험되려면 몇 가지 요건이 필요하다. 첫째, 여행자는 홀로 길 위에 올라야 한다. 둘째, 시간과 경로를 엄밀히 정하지 말고, 임의에 자신을 내맡겨야 한다. 즉, 느슨하게 여정을 계획하고, 계획의 변경을 우연에 맡긴다는 견고한 원칙을 지녀야 한다. 셋째, 걷기 시작하기 이전의 삶을 통히 망각하고 오직 도보여행 또는 걷기 그 자체에만 전념해야 한다.

이런 도보여행을 아마도 **항해**라고 부르면 좋을 것이다. 이런 여행은 모항을 잠시 떠나는 선박의 여행을 닮았기 때문이다. 모항을 떠나 미지의 시공간으로 여행을 떠나는 배처럼, 정처 없이, 무턱대고 거닐어보는 이는, 목적과 행위로 가득 찬 일상세계를 또는 목적 없는 배회를 일종의 방종이나 사회적 일탈로 백안시하는 사회를 벗어나, 다른 시간을 향해 잠시간 짧은 모험을 떠난다. 이런 도보여행자의 본질은 잠시 일상세계와 격절한 인간이다. 그 여행자는 다비드 르 브르통의 표현 그대로 "떠나버린 인간" 그래서 "걷잡을 수 없는 인간"[88]이다. 자신의 페르소나Persona, 삶에 긴요한 모든 프로젝트와 소명(의무)과 걱정거리, 심지어 자신의 이름과도 잠시 작별한 인간. 그(녀)는 비록 잠시간이지만 세속과 시간을 떠난 자, 조금 더 극단적으로 말하면 "다시는 돌아오지 않겠다는 불멸의 모험 정신"[89]으로 떠난 자다. 때로 우리는 집의 안락을 포기하고 영혼의 안락을 찾아 떠나는 모험에 나서야 한다.

자기목적적인 시간을 추구하는 것 외에는 그 어떤 일도 수행하지 않는 상태에 있다는 점, 즉 행위를 버리고 무위無爲를 선택한 사람이라는 점에서 이런 도보여행자에게는 **호모 오티오수스**(Homo Otiosus, **무위의 인간**)라는 이름이 어울린다. 이리저리 마음 가는 대로 나아가는 것 말고는 할 일이 전연 없는 시간의 망망대해에서라면, 우리는 다시 무위로 충만했던 유년기로 돌아가도 좋을 것이다. 레베카 솔닛의 말대로 "걷기는 활동과 무위 사이, 존재와 행위 사이의 미묘한 균형"[90]이지만, 걷기가 충분히 무르익을 때 걷기는 활동이 아닌 무위로, 행위가 아닌 존재로 기울어지며, 어느 순간엔 오직 무위와 존재만이 남게 된다.

하지만 무위의 인간은 단순히 무언가를 기획하거나 일하는 상태에서만 자유로운 것은 아니다. 도보여행자가 체험하는 무위는, 단순히 무행위, 무행동이 아니다. 그보다 무위는 어떤 목적을 달성하려는 계획 자체의 속박을 벗어던짐과 그 결과물을 뜻한다. 머릿속에서 목적 달성을 향한 액션 플랜을 소거한 여행자는, 바로 그 소거를 통해서 새로운 존재의 지평으로 올라선다. 그곳에서 그 여행자는 앞으로 발생될 모든 사건을, 자신의 눈앞에 다가오는 만유萬有를 편안히 받아들이게 된다. 나아가, 자신과 만유를 자체의 목적을 지닌 존재자로 인식하는 '개안開眼'에 이르게 된다. 달리 말해, 무위의 여행자는 "모든 것을 다 받아들이고 모든 것과 다 손잡을 수 있는 마음으로 세상의 구불구불한 길을 그리고 자기 자신의 내면의 길을"[91] 걷는 사람인 것이다. 무위가 걷기를 가득 채우는 여로에서는 **친교** communion가 실존의 유일한 모드가 된다.

무위의 여행자는 잠에서 홀연 깨어나 우주의 진면목을 목격한다. 운이 좋다면, 우주와 자신이 실은 분리되지 않는 한 몸으로 존재함을 절감하는 시간도 찾아올 것이다. 숲의 민족이라 불리는 핀란드인들의 용어 메츠산페이토Metsänpeitto는 숲의 힘에 압도되어 숲과 하나가 되는 황홀경의 체험을 뜻한다. 아마도 이런 황홀경의 순간에는 "세계가 거침없이 그 속살을 열어 보이고 황홀한 빛 속에서 그 존재를 드러내"[92]지 않을까. 이런 순간을 경험할 때, 무위의 여행자는 우주가 자기 안에 거하고 있다고 느낄 것이다.

이처럼 무위의 걷기가 실행될 때, 걷는 시간은 몸을 앞으로 이동하는 시간이라기보다는 다른 삶을 살아가는 시간이 된다. 무위의 걷기는 걷기의 한 양식이 아니라 삶의 한 양식인 것이다.

무위를 맛보는 여행자는 소박한 이로 거듭난 사람이기도 하다. 하지만 그 여행자는 소박하고자 하는 의지의 주체가 전혀 아니다. 오히려 여행자의 소박함은 무위의 자연스러운 생산물이다. 무위의 여행자는 행위의 퇴각, 자아의 퇴각 속에서 **아무것도 아닌 자**라는 정체성으로 귀일하며 자신의 소박함을 발견한다. 또는 도보여행에 맛이 있다면 그 맛은 실은 "아무도 아닌 사람이 되는 것"에 있다.[93]

하지만 무위의 여행자는 어떻게 '아무것도 아닌 자'라는 정체성으로 귀일하는 걸까? 발원점은 걷는 주체에 대한 자각이다. 어느 순간 도보여행자는 자신의 의식이 아니라 '알아서 걷는 자기 신체'가 걷기의 참 주체라는 진리에 문득 눈을 뜬다. 하지만 주체의 문제를 조금 더 고민해본 도보여행자에게는, 알아서 걷는 자기 신체가 실은 **두발걷기를 할 수 있는 보편적 호모 종의 신체**의 특수한 구현물이라는 사실이 알려질 것이다. 이 보편적 호모 종의 신체는 보행자 개개인의 신체 안에 각각 존재하는 공통 지반이다. 누구에게나 걷기란 이 고대의 지반을 다시금 자기의 특수한 신체로써 되살려내는 작업이다. 다른 행동을 할 때가 아니라 걸을 때, 우리는 우리 안의 고대성을 회복한다. 로제 폴 드루아의 말대로 "걷기란 근원적이고 모태적이고 시원적이라는 의미에서 고대적"[94]이며, 걷기에 머무는 동안, 우리는 잠시 오스트랄로피테쿠스, 호모 하빌리스, 호모 에렉투스 같은 고대의 존재가 되고, 되어도 좋은 것이다. 걸을 때 "자신보다 더 크고 강력한 어떤 힘에 따라 자신의 육체가 움직이는 것을 느끼"[95]게 되는 것도, 보행자 스스로 자기 신체 안의 고대의 지반을 깨워내면서, 어떤 보편성에 귀속되면서 걷기 때문이다.

보행자를 소박함의 감격으로 안내하는 것 역시 바로 이런 귀속됨이다. 걸을 수 있으니, 숨 쉴 수 있으니, 걷기와 숨쉬기

외에는 아무것도 하지 않아도 더 바랄 게 없다는, 감사하다는 마음이 자기 내면에서 터져 나올 때 도보 순례자는 '아무것도 아닌 자'로 돌아간 감격 속에 있으며, 이 감격의 뿌리에는 보편성에 귀속된 자가 누리는 평온함이 있다.

자신을 아무것도 아닌 자라고 느끼는 사람이라면, **인류의 어린 시절**로 돌아간 사람이라 할 만하다. 토마스 베리가 지적했듯, 초기의 문화적 발전 단계에서 인류는 "자신들을 아무것도 소유하지 못한 자들"로, "자신의 존재와 생명과 의식을 우주의 무조건적인 선물로 받은 자들"[96]로 경험하며 소박함에 머물러 있었기 때문이다.

여로에서 우리의 존재가 무위로 가득 찰 때, 우리는 에리히 프롬이 말한 '소외 없음' 역시 경험한다. 프롬에 따르면, 소외 없는 활동은 활동 주체와 활동, 활동의 결과가 일치되는 활동인데, 프롬은 이런 활동을 간단히 '생산적 활동productive activity, produktives Tätigsein'이라 불렀다. 무위의 도보여행은 활동, 활동의 결과와 활동 주체가 일치되는 체험이므로, 프롬이 말한 소외 없는 활동, '생산적 활동'에 속한다. 그런데 프롬에 따르면, 생산적 활동의 주체인 생산적 인간은 "자신의 능력을 살리며, 다른 사람과 사물에게도 생명을 부여한다."[97] 만물을 자체의 목적을 지닌 주체로 인정하며 만물과 친교하려는 지향을 가지게 되는 무위의 여행자 역시 이러한 '생산적 인간'의 한 전형이다. 무위의 여행자는 아무것도 아닌 자의 소박함을 회복하며 친교 아닌 태도 일체를 탈각脫却한 자이며, 바로 그렇기에 타자의 문제에 진심 어린 관심을 기울이게 되는 자다.

이러한 무위 체험의 내용물을, 프롬은 그저 **존재함**being이라 불렀다. 프롬은 존재적 실존양식을 존재(함)이라 부르며, 소유적 실존양식과 대비시킨다. 하지만 프롬이 존재(함)이라고 부른 실존양식은 단순히 소유에서 벗어남(무소유)이 아니다. 그보다는 존재함은 "기쁨에 차서 자신의 능력을 생산적으로 사용하고 세계와 하나가 되는" 실존양식을 말한다.[98] 즉, "자기를 새롭게 하는 것, 자기를 성장시키고 흐르게 하며 사랑하는 것, 고립된 자아의 감옥을 초극하며, 관심을 가지고 귀 기울이며 베푸는 것"을 뜻한다.[99] 요컨대, 프롬이 보기에, 존재하려는 지향은 작은 자아를 초극하여 이 세계(우주)와 자기의 일치를 실현하려는 성향이며, 이 존재 지향이 성취될 때 비로소 인간은 인간 된 기쁨을 만끽하며 **인간으로서 존재한다**. 존재 지향이 성취되는 시간이야말로 자기가 진정으로 성장한 시간, 자기 능력이 생산적으로 사용된 시간이기 때문이다.

어디나 그렇겠지만, 요즈음 우리 동네에도 걷는 이들이 부쩍 늘어났다. 우리 사회에 걷기 열풍이 분 것은 오래된 일이지만, COVID-19 이후로 숲이나 공원, 둘레길을 걷는 이들이 부쩍 많아진 느낌이다. 축소된 (물리적) 소셜 네트워킹으로 인한 답

답함을 해소하려는 욕구도 있을 것이고, 건강을 챙기려는 욕구도 있을 것이다. 어쩌면 많은 사람들에게 걷기란 일하기, 장보기, 요리하기, 먹고 마시기처럼 건강한 삶이라는 목적을 위한 하나의 수단으로 동원되는 행위인지도 모른다.

그러나 어떤 걷기는 목적을 위한 행위라는 그물을 빠져나온다. 그리하여 그 걷기는 걷는 우리의 존재 자체를 반전시킨다. 행위를 무위로, 소유 지향의 인간을 존재 지향의 인간으로, 나 중심을 우리 중심으로, 무기력하게 살아감을 인간으로서 존재함으로.

8장

걷기와 생각하기
그리고 짓기

아리스토텔레스와 그의 제자들은 이른 아침부터 걷기를 즐겼다. 구미권에 국한해서 말한다면, 이들은 걸으면서 생각하는 사람, 즉 '호모 플라뇌르Homo Flaneur'의 선구자들이었다. 이들에게는 소요학파逍遙學派, Peripatetic school, Peripatos라는 별칭이 있었는데, 그렇다고 사람들로부터 기인 취급을 받은 건 아니었다. 도리어 당시에는 모둠을 지어 산책하며 생각하는 것이 철학자들의 기풍이었다.[100]

아마도 이들이 이렇게 했던 건 걷기가 철학하기에 도움을 주었기 때문일 것이다. 하지만 왜 걷기는 철학하기에 도움을 주었던 걸까? 걸으면 체내 산소 섭취량이 증가하고 혈액순환이 활성화되어 뇌에 산소가 고루 공급된다는 기본적인 사실이 있다. 걷는 동작의 지속이 뇌의 상태를 활성화하는 것이다.[101] 그러나 이런 사실은 우리의 궁금증을 별반 해결해주지 못한다. 아마도 걷기는 상상, 회상, 예측, 직관, 연상, 기억, 추론, 성찰 같은 다양한 종류의 사고 활동 전부를 활성화하지는 않을 것이다. 즉, 인간의 사고 활동과 연관된 뇌의 부분(대뇌피질의 전두전엽 연합영역) 전체를[102] 자극하지는 않을 것이다.

그러나 걷기가 철학적 사유와 관련된 뇌의 신경세포를 자극하며, 해저의 지층에서 석유를 시추하는 시추선처럼, 잠잠하던 뇌의 심층에서 철학적 사유를 뽑아 올리는 것만은 분명해 보인다. 수많은 철학자들의 고백이 이를 방증하지만, 특기할 만한 철학자는 다름 아닌 루트비히 비트겐슈타인Ludwig Wittgenstein 이다. 오스트리아 출신의 이 은둔형 철학자는 누이에게 보낸 편지에서 자신이 고안한 기괴한 단어를 썼다. 뎅크베베궁엔 Denkbewegungen이라고 어렵게 발음되는 이 단어를 번역하면 '사유의 운동'쯤 되는데, 정확히는 길을 따라가는 동작으로 구체화되는 생각을 뜻한다.[103] 그러니까 이 생각은 길을 걷는 시간에만 탄생한다.

길을 걸어간다는 것, 철학적으로 생각한다는 것. 이 둘 사이에는 대체 어떤 연결고리가 있는 걸까?

나의 가설은 산책이 철학적인 생각을 하기에 최적인 심리 상태로 인도한다는 것이다. 그 가설은 이러하다. 잘 된 산책은 산책자를 자신감과 자신력이 충만하며, 그렇기에 차분한 정서 상태로 옮겨준다. 그뿐 아니라 타자에 대한 호기심과 호의가 샘솟는 상태로도 데려다준다. 즉, 한편으로는 가라앉으면서도(하강하고) 다른 한편으로는 뜨는(상승하는) 두 마음의 운동이 적절한 균형을 이루는 절묘한 심리 상태에 산책자는 도달하는 것이다. 이런 심리 상태를 나는 **평온한 쾌활함**이라고 부르고 있다.[104]

기존의 시점이 디디고 선 땅을 붕괴시킴, 새로운 시점과 응시가 가능한 새로운 땅으로 올라섬을 결정적 특징으로 하는 철학적 사고 활동은, 한 올의 선입견도 없이 만물을 대하는 허심탄회한, 그렇기에 평온한 마음의 상태이면서도 결코 맥빠진 상태는 아닌, 도리어 탐구심과 호의로 충만한 상태, 요컨대 평온한 쾌활함이라는 정서의 땅에서 가장 잘 피어난다.

걷기와 철학하기, 그 연결고리라는 비밀을 풀어줄 또 다른 실마리는 철학자 로제 폴 드루아가 강조했듯 걷기와 철학하기가 동일한 원리를 지닌 활동이라는 점에 있을지도 모른다. 드루아에 따르면, 걷기의 운동 과정은 철학적 사고의 과정과 동일한 방식으로 진행된다. 걷기의 시작은 균형의 무너짐, 질서의 붕괴, 뒤흔들기, 추락이라는 점에서 철학적 사유의 시작과 비슷하다. 걷기의 시작과 비슷하게, 철학도 기성의 믿음과 생각의 체계에 시비를 걸면서, 익숙한 확신을 뒤흔들며, 새로운 종류의 의문을 제기하면서 시작된다. 추락하기라는 걷기의 첫 움직임은 물론 오래 가지는 않는다. 보행자는 무너지는 균형을 곧바로 만회하며 새로운 상태에 도달한다. 모든 보행의 전진은 오직 이런 '넘어서기'의 방식으로만 진행된다. 마찬가지로 철학자 역시 의문만이 존재하는 카오스의 상태로 나아가는 대신, 새로운 논리와 논거를 제시하며 이성적 질서의 신세계를 구축해간다. 철학자 역시 새로운 진리의 지평으로 넘어서 '간다.' 하지만 보행자가 다시금 한발 전진하며 새로운 균형을 무너뜨리듯, 철학자가 제시한 새로운 진리는 새로운 반박에 부딪히며 추락의 움직임을 보이기 시작한다. 새로운 사이클이 시작되는

것이다.[105]

산책자의 철학적 사색은 넘어지는가 싶다가도 일어서고, 주춤거리다가도 나아간다. 물론 산책자의 발과 다리에서도 같은 일이 일어난다. 그리고 어떤 산책의 시간에, 철학적 사색하기와 걷기는 이러한 동일한 요동의 흐름 속에서 혼연일체가 되어버린다. 즉, 붕괴와 건설과 재붕괴와 재건설의 움직임을 발과 다리라는 층위와 뇌라는 층위에서 이중으로 그러나 동시에 경험하는 생각하는 산책자는 때로 '보행즉사색步行卽思索'이라는 하나의 운동을 경험하는 것이다. 이때 산책자의 내부에서 솟구치는 사색은 너무나 강렬해서, 우리는 "걸으면서 생각한다" 같은 클리셰를 서둘러 포기해야 한다. 우리는 차라리 "생각이 걷는다", "뇌가 걷는다"라는 표현을 동원해야 한다. 이때는 정말로 발과 뇌의 거리가 가깝다. 장-자크 루소가 말한 것처럼, 발이 멈추면 생각도 멈추고, 발이 앞으로 가면 생각도 앞으로 간다.[106]

아니, 생각하며 동시에 걷고 있는 신체는 아예 존재하지 않는 것만 같다. 생각이 우리의 신체를 점령할 때, 우리 자신이 아니라 오직 사색만이 존재하는 것만 같다. '생각할 때 우리는 어디에 있는 걸까?' 이 질문은 《정신의 삶The Life of Mind》이라는 대작에서 철학자 한나 아렌트Hannah Arendt가 제기한 질문이기도 하다. 아렌트에 따르면, 생각할 때 "시간과 공간에 의해서만 생각할 수 있는 실재reality and existence는 잠시 지연될 수 있다. 즉, 그 실재는 자신의 무게를 잃고, 무게와 동시에 자신의 의미도 잃을 수 있다. 생각하는 자아에게는 말이다."[107] 하지만 만일 생각하는 자아에게 실재가 잠시 무의미해진다면 무엇이 의미 있게 되는 걸까? 아렌트가 보기에 "생각하는 동안 의미 있어지는 건 추출물, 감각에서 해방됨의 생산물"인데, "이 추출물은 단순히 추상적인 관념이 아니다. 이것은 한때 '정수essences'라고 불렸던 것이다."[108] 아렌트의 생각으로는, 생각하는 자아는 이 '정수'를 찾아 나서므로 구체성으로 가득한 현실의 땅을 잠시 떠난다. 대신 그 자아는 일반적으로 의미 있는 것을 추구한다. 또는 생각하기는 늘 구체적인 것에서 일반적인 것, 본질적인 것the essential을 뽑아낸다.[109] 그리고 이 일반적인 것, 본질적인 것은 이 세계 어디에나 적용 가능하다는 것이다. 아렌트의 말을 직접 들어보자.

"본질적"인 것은 모든 곳everywhere에 적용 가능한 것이다. 그리고 생각에 그 구체적인 무게를 부여하는 이 "모든 곳"은 공간적으로 말해서 "아무 곳도 아닌 곳nowhere"이다. 보편적인 것들, 보이지 않는 정수들 사이에서 돌아다니는 이 생각하는 자아는 엄밀히 말해 어디에도 있지 않다.[110]

그러니까 생각하는 인간은 잠시 이 세계 그 어느 곳에도 있지 않고, 다른 세계의 거주자가 된다. 보편성의 세계, 본질적인 것이 (감각을 통해 인지되는) 차별적인 것을 압도하는 세계. 생각이 걷는 신체에 가득 흐를 때, 걷는 신체는 사실 그 어디도 걸어가지 않는다. 그 신체는 잠시 특정 장소, 특정 공간의 구속성을 빠져나온다. 마치 키스하는 연인들에게 장소가 무관한 것처럼, 강렬한 생각의 희열을 체험하는 산책자에게는 그 경험의 지속만이 중요할 뿐, 걷고 있는 장소는 전혀 중요하지 않다. 때로 산책자는 산책길에서 공간의 구속을 벗어난 찬연한 실존을 체험한다.

철학적 생각은 솟구쳐 산책자의 전부가 되기도 하지만, 가지를 뻗기도 한다. 철학적 생각에 빠져든 산책자는 샛길에 빠져들기 일쑤인데, 샛길의 유혹을 거부하지 못하는 탓이다. '샛길'은 재미난 말이다. 본래 가려던 길이 아닌 길, 예정에 없던 길. 미처 예측하지 못했으나 나도 모르는 사이 발을 담그게 되는 길. 샛길은 보행자를 유혹하는 길이지만, 생각하는 산책자에게 샛길에의 끌림은 운명이다. 생각하는 산책자는 샛길에 가끔 빠져드는 것이 아니라 언제나 빠져든다. 새롭고 기발하고 엉뚱한, 숫되고 창발적인 생각의 길을 걷는 뇌는 사고 과정에서 예측 가능성이 아니라 예측 불가능성을 선호하게 되는데, 그런 뇌가 발에게 샛길이라는 예측 불가능성의 길로 이동하라고 지시하기 때문이다.

샛길을 선호하는 산책자의 뇌는 때로 **확산적 창의사고** divergent thinking를 빚어내기도 한다. 확산적 창의사고란 어떤 문제에 대해 여러 가지 가능한 해결책을 동시다발로 제출해봄으로써 창의적 해결책을 도출하는 활동을 뜻한다. 2014년 스탠퍼드 대학의 한 연구진은, 걷기가 확산적 창의사고를 향상한다는 연구결과를 발표했다.[111] 여러 갈래의 해결책을 동시에 찾아내 제시해보고 그것들을 상호 대비시키면서 새로운 해결책을 도출해내는 창의적 사고력이, 맙소사, 걷기만 하면 계발된다니. 그간 우리는 무심코 걸었으나, 걷기는 실은 우리의 강의실, 우리의 교실이었다.

실로, 걷기는 새로운 영감, 창의적 아이디어나 발상의 수원지水原地가 되어준다. 신경정신과 의사인 테오 컴퍼놀 Theo Compernolle은 뇌의 창의성, 생산성, 효율성을 최대화하기 위해서는 모든 ICT 기기와 잠시 작별하는 '디스커넥티드 disconnected' 시간을 정기적으로 확보해야만 한다고 역설한다.[112] 요가나 명상처럼, 산책은 바로 그런 시간, 뇌에 새로운 생기를 불어넣는 시간을 우리에게 선사한다.

연극 연출가 로버트 윌슨Robert Wilson은 배우들에게 자연스럽게 걸어보라고 강하게 주문하는 사람이다. 그가 보기에, 만일 배우들이 자연스럽게 걷기만 한다면 그들 내부의 창의성이

열리기 시작하기 때문이다. 윌슨은 "창의성이 자리 잡은 곳은 머리가 아니라 몸"이라고 주장한다.[113]

우리가 무대 위의 배우이든, 무대 밖의 배우이든 만일 걷기를 통해 우리 안에 잠재되어 있던 창의성을 끄집어낼 수 있다면, 걷기는 단지 치유라는 형태의 '되돌아감'을 넘어서 생산이라는 형태의 '솟구침'이 될 것이다.

어떤 의미에서 '내 길을 걸어간다'는 어구만큼 무언가를 창조하는 행위를 잘 표현하는 어구도 드물다. 우리가 살아가는 이 세계에는 길들여진 사람과 길들여지지 않은 사람이라는 두 부류가 존재한다. 길들여진 이는, 말 그대로, 자기 아닌 누군가들이 낸 '길'에 잘 '들'어서는 사람이다. 그(녀)는 세상의 규칙과 법과 질서에 자신을 맞추는 데 능숙하고, 그것을 편안하게 생각한다. 반면, 길들여지지 않은 이, 창조하는 이는 누군가들이 이미 조형해놓은 길, 어서 들어서라고 누군가 안내하는 길 앞에서 머뭇거린다. 그(녀)는 남이 잘 가지 않은 길을 걷기를 선호하고, 자기가 낸 고유한 길을 걸을 때 사는 기쁨을 느끼며, 타인의 도구로 전락하는 것을 치욕스럽게 여긴다. 이들 창조자들은 자기만의 리듬과 보폭, 규율에 따라 걸으며 전에 없던 길을 이 세계에 빚어낸다. 따라서, 만일 걷기라는 방편에 기대어 자기 안의 창의성을 깨워내곤 하는 창조자(창작자)가 있다면, 그(녀)는 단순히 창조(창작)에 유능한 창조자(창작자)가 아니라, 자기가 어떤 존재인지를, 무엇이 창조(창작)인지를 잘 알고 있는 현명한 창조자(창작자)인 셈이다.

이렇듯 '걷기는 정신적인 활동'이라는 말은 전혀 시적인 표현이 아니다. 복잡한 생각이나 감정에 짓눌려 있다면, 어떤 원론적인, 거시적 시각이, 신선한 시각이 필요하다면, '인생 상담'이 필요하다고 느낀다면, 창의성이 고갈되었다고 느낀다면, 걸어야 한다. 우리가 선택한 어떤 걷는 시간은 우리를 철학적 사색으로 인도하여 우리가 필요로 했던 해답을 우리에게 선물해준다. 철학은 철학에 관한 전문적 훈련을 받은 이들, 즉 철학자들의 전문적인 학문 분야이나, 그렇다고 철학적인 걷기가 철학자들의 전유물인 것은 아니다. 철학적인 사색의 운동, 철학적인 걷기는 모두에게 필요하고, 철학적인 사색이 탄생하는 길은 모두에게 열려 있다. 또, 어떤 길 위의 시간은 우리 안에 잠들어 있던 창의성을 깨워낸다. 새로운 무언가를 창조하는 것이 일인 사람에게, 어떤 이유에서건 예술적 창의성이 필요한 사람에게 걷기란 여가 활동이 아니라 차라리 일종의 업무라고 나는 쓰련다.

9장

걷기의 계보학

걷기는 고대와 현대를 아우르는 거대한 하나의 장르이며, 음악처럼 수많은 소장르를 거느린다.

먼저, 사색을 위한 산책이라는 소장르부터 살펴보자. 노동하다시피 산책을 했던 헨리 데이비드 소로Henry David Thoreau는 《산책Walking》에서 자신은 하루 4시간 정도는 꼭 산야를 걸어야 건강과 정신을 유지할 수 있을 것 같다고 썼다. 여기에서 우리는 "정신을 유지한다"는 말에 주목해야 한다. 사실, 그의 글에는 산책의 결과물로 나온 사색의 내용물이 허다하다. 그가 사색이나 글쓰기를 산책의 목적으로 삼았다고는 할 수 없겠지만, 그의 산책은 그를 늘 생각하는 인간, 쓰는 인간으로 돌려놓았다.

소로는 예외적 인간이 아니다. 장-자크 루소는 《고백록》에서 "걸음을 멈추면 생각도 멈춘다. 나의 마음은 언제나 나의 다리와 함께 작동한다"고 쓰고 있다.[114] 독일 서남부 흑림Black Forest을 산책하며 글을 썼던 마르틴 하이데거Martin Heidegger, 거의 매일 낮에는 코펜하겐 시내 곳곳을 걸었고 집에 돌아오자마자 미친 듯이 글을 쓰기 시작했던 쇠렌 키에르케고르, 노르웨이의 작은 마을 숄든Skjolden에 머물며 피오르fjord 주변의 길, 즉 물가의 길을 거닐며 철학적 퍼즐에 심취했던 루트비히 비트겐슈타인, 그리고 독일과 스위스, 이탈리아, 프랑스 곳곳의 도시와 산과 들, 호숫가와 바닷가를 걸었고 (휠체어 신세가 되

127

기 전까지는) 평생 걸었으며 "길고 다양한 산책로, 높은 곳, 기복 많은 곳, 전망 좋은 곳을" 찾아 걸었고, 아마도 서구 철학자들 가운데에서는 가장 많은 시간을 걷기에 할애했을 프리드리히 니체.[115] 시대적으로 더 멀리는 '오래 걷기'를 즐겨 했던 영국 철학자 제레미 벤담Jeremy Bentham, 서재를 이리저리 걸으며 구술하게 했던 프랑스의 미셸 드 몽테뉴Michel de Montaigne. 이 유럽 철학자들에게 걷기는 사유의 신세계로 이동하게 해주는 와이파이였다.

철학자 임마누엘 칸트Immanuel Kant가 이들과 동일한 부류인지는 확실하지 않다. 하지만 오후만이 아니라 저녁 식사 직후에도 산책에 나섰다는 칸트는 자신만의 명상적 사색meditation을 위해 길에 나선 것으로 알려져 있다.[116]

한편, 제레미 벤담의 제자 제임스 밀James Mill은 걸으면서 설교했고, 그의 아들 존 스튜어트 밀John Stuart Mill에게 산책은 중요한 레크리에이션recreation이었다. 존 스튜어트 밀에게 정신적 안내자 역할을 하기도 했던 토마스 칼라일Thomas Carlyle도 실은 열정적인 산책자였다.[117] 찰스 다윈Charles Darwin은 하루에 두 번씩 집(다운 하우스Down House)에서 이어져 있던 자기만의 산책로를 오가며 생각에 몰두하곤 했는데, 그 길에 다윈 자신이 붙인 이름은 '생각의 길thinking path'이었다. 다윈이 숨을 거둔 지약 50년 후, 알버트 아인슈타인Albert Einstein은 미국 프린스턴

대학에서 연구직을 유지하는 동안 연구가 잘 안 풀릴 때면 숲으로 달려가 산책하곤 했다.[118]

사유의 대상을 아예 걷기에 두고 걷기의 철학에 몰두한 이들도 있다. 이들은 걸었고, 생각했고, 돌아와서는 걷기에 관해 썼다. 「살아 있는 현 세계와 유기체 외부의 주변 세계의 구성」이라는 논문에서 걷기를 다루었던 에드문트 후설Edmund Husserl, 《걷기의 철학(국역본 제목은 '걷기, 두 발로 사유하는 철학')》을 쓴 프레데리크 그로, 《걷기 예찬》의 저자 다비드 르 브르통 같은 이들이다.

이들은 모두 소요학파逍遙學派, Peripatetic school, Peripatos 철학자들의 후예들이어서, 사색에 침잠하는 맛과 걷기에 몰입하는 맛을 서로 다른 두 맛으로 이해하지 않았다.

예술가들은 어떨까? 윌리엄 워즈워스William Wordsworth는 자서전에서 알프스 도보여행 중에 첫 시를 썼다고 기록하고 있다.[119] 워즈워스가 얼마나 걷기에 심취했는지는 주변에 잘 알려져서, 심지어 토마스 드 퀸시Thomas De Quincey는 워즈워스가 평생 걸은 거리를 약 28만km에서 29만km 사이로 추정하기도 했다.[120] 워즈워스 외에도, 존 밀턴John Milton, 월트 휘트먼Walt Whitman 등이 산책로에서 영감을 얻었던 대표적 영미권 문인으로 거론되지만, 몇몇 문인의 이름을 따로 언급하는 것 자체가 설익은 짓이다.

소로가 'sauntering'이라는 단어를 동원하며 말한 구도의 걷기는 따로 언급하는 것이 좋겠다. 17세기에 영어 단어 'saunter'는 자기 성찰적인 형식의 걷기self-reflective form of walking를 뜻했다.[121] 무언가를 숙고하고 명상하는 걷기가 곧 saunter였던 것이다. 그렇다면 이 단어는 앞서 살펴본 사색을 위한 산책을 지시하기에 적합한 단어일 것이다. 그런데 소로는 《산책Walking》에서 다른 말을 들려준다. 소로 자신은 'saunterer'라는 단어의 어원이 sainte-terrer, holy-lander, 즉, '신성한 땅으로 향하는 자'라는 해석을 선호한다고 쓰고 있는 것이다. 정확하게는 이 단어가 "신성한 땅을 찾아가는 것처럼 이곳저곳을 돌아다니며 자선을 구하던 중세 시대의 한가한 인간들"에서 기원했다고 그는 쓰고 있다.[122] saunterer는 어떤 구도적 태도를 지닌 보행자를 뜻했다고 소로는 전한다.

소로는 같은 글에서 "모든 걷기는 일종의 십자군 원정, 신성한 땅으로 가서 믿음이 없는 이들의 손아귀에서 이 땅을 되찾아오는 십자군 원정"이라고 말하기도 한다.[123] 만일 어떤 걷기가 의미 있으려면 그것은 반드시 성스러움을 회복하는 걷기, 성지를 향해가는 걷기, 즉 일종의 순례여야 한다고 생각한 것이다. 《어떤 러시아 순례자의 이야기》의 주인공인 어느 러시아 순례자는 이렇게 썼다. "나는 내가 가고 있다는 것을 느끼지 못한다. 나는 다만 기도하고 있다는 것을 느낄 뿐이다."[124] 걷기를 수행의 방편으로 삼는 순례의 보행자들에게 걷기는 차라리 기도일 것이다.

불가의 수행자들은 참선과 짝을 이루는 수행으로 걷기를 실천한다. 참선 후 피로감이나 졸음을 해소하기 위해 가볍게 거닐곤 하는데, 이를 포행布行 또는 경행經行[125]이라 부른다. 산스크리트어 비하라Vihāra에서 기원한 말들로, 비하라는 뜰(열린 공유 공간)을 거느린 수행자들의 거처, 피난처를 뜻하기도 하고, 걸어 다님을 뜻하기도 한다. 한편, 불교식 수행의 걷기는 걸으면서 경전을 독송하는 법회 시의 의식ritual으로 발전했다. 한국에서는 고려 초 정종의 재위 기간 중 이 의식이 처음으로 진행되었던 것으로 기록되고 있는데, 이 의식을 경행經行 또는 가구경행(街衢經行, 길을 걸으며 경전을 독송하는 실천)이라 불렀다.

수행의 걷기를 여행의 형식으로 발전시킨, 도보 순례라는 장르도 있다. 7세기의 승려이자 《대당서역기》의 저자 현장玄奘은 무려 17년간 두 발과 말馬로만 이동했는데 도보 순례의 대표 사례로 꼽을 만하다. 일본의 종교인이자 하이쿠 시인 마츠오 바쇼, 그리고 바쇼와 비슷한 면이 많았던 현대 일본 시인 나나오 사카키가 감행했던 도보여행 역시 도보 순례의 성격이 컸다.

물론 도보 순례는 동아시아(만)의 문화가 아니다. 중앙아시아에서는 수많은 불교 신자, 힌두교 신자, 자이나교 신자, 본

Bön, Bon교 신자들이 티벳의 카일라스Kailash 산으로 순례길을 떠나는데, 카일라스 산 주위를 도는 공식 순례 행위를 '코라 Kora'라고 부른다. (코라의 순례길은 무려 52km나 된다.) 순례를 뜻하는 티벳어 '네이크호르neykhor'는 성지의 주위를 도는 행동을 뜻한다. 좀 더 서쪽에서는 수많은 무슬림들이 메카Mecca와 메디나Medina의 성지를 향해 집을 나서는데, 특히 메카 순례를 '하지Hajj'라고 부른다. 메카에 도착한 순례자들은 메카 대성전 안의 신성한 건축물인 카바Kaaba 주위를 일곱 번 돈다. 좀 더 서쪽에 사는 사람들은 예루살렘Jerusalem으로, 산티아고 데 콤포스텔라Santiago de Compostela로 난 순례길에 오르곤 했다. 유럽의 끄트머리, 노르웨이에서는 니다로스 대성당Nidaros Cathedral으로, 아일랜드에서는 크로아흐 패트릭Croagh Patrick으로 순례길을 떠났다. 로마가 유럽 대륙의 중심이던 시절, 순례길의 목적지는 다름 아닌 로마였다.[126]

이제껏 언급된 유형의 걷기들은 모두 '도보여행wayfaring'이라는 장르에 속한다. 도보여행이란 볼노의 정의를 따른다면 "조급해하지 않고 한 장소에서 그와 비슷한 다른 장소로 여유 있게 걸어가되 그 자체가 목적인 이동"[127]을 뜻한다. 도보여행과 유사한 개념으로 (막연한) 장거리 도보여행을 뜻하는 하이킹hiking이나 트레킹trekking 같은 것이 있지만, 이 단어들은 현장이나 바쇼 같은 이들이 수년 넘게 했던 도보여행을 포괄하지는 못한다.

볼노가 말한, 걷기 그 자체가 목적인 도보여행 역시 걷기의 한 가지일 뿐이다. 더군다나 그 가지는 나무의 몸통이 아니라 곁가지에 해당한다. 걷기의 몸통, 걷기의 본류는 걷기 외의 특정한 목적을 위한 걷기였다. 사실, 역사에 기록되지 않은 숱한 이들이 오직 생존이라는 목적을 위해 걷고 또 걸었다. 19세기 이전의 보행자들, 그 대다수는 별다른 도리가 없어서 걸었던 이들이다. 과일과 곡식과 짐을 옮기고, 농수산물을 팔고 사려고, 희귀품을 거래하거나 새로운 농지를 찾으려고, 대처에서 공부하거나 국가고시를 치르려고, 이들은 걸었다. 성한 두 다리는 생존의 중요한 수단이었다.

전쟁이나 생태적 재앙으로 폐허가 된 고향을 버리고 난민이 되어 걸었던 이들의 슬픔도 우리는 잘 알고 있다. 이들의 비참한 여로에는 특별한 명칭이 부여되었는데, '피란길'이 바로 그것이다. 가깝게는 한국전쟁 당시 오직 두 발과 다리에 기대어 북녘땅을 떠나 부산을 향해 걷고 또 걸었던 우리 동족의 아픔을 우리는 아직 기억한다.

피란길은 아니지만, 그 이상으로 고통스러운 여로가 역사에는 있었다. 저 13~14세기, 몽골 제국에 참패한 약소민족들은 제국의 노예가 되어 걸어서 제국의 수도로 끌려갔으니, 이들의 발걸음만큼 비참한 발걸음도 다시 없을 것이다.

전쟁의 포화 속의 걷기도 말해야만 한다. 행군은 군인의 기본 임무에 속한다. 역사에 기록된 극적인 한 행군 사례는 홍군(紅軍, 중국 공산군)의 그것이다. 1934년 10월부터 1935년 10월까지, 약 1년간 홍군은 저 삼국지의 오나라 땅(장시성)에서 출발해 촉나라 땅을 거쳐 위나라 땅 옌안까지 무려 9,600km를 오직 걸어서 진군했다. 이른바 '대장정大長征, Long March'이라 불리는 대단한 걷기였다.

행군은 아니었지만, 장준하와 그의 동지들이 감행했던 목숨을 건 중국 대륙 횡단도 경이롭다. 1944년 7월, 중국 쉬저우에 있던 소속부대에서 탈출한 이 한국의 젊은이들은 1945년 1월까지 당시 대한민국 임시정부가 있던 충칭까지 약 6,000리(약 2,300km) 길을 도보로 횡단한다.[128]

분노한 시민, 깨어난 시민들의 시가행진이라는 장르를 빼놓아서는 안 된다. 민중의 대표적 저항 행동인 시가행진을 통해 역사는 늘 전진을 거듭해왔다. 1789년 여름, 프랑스 혁명의 한복판에서 프랑스 민중은 바스티유 감옥을 함락하기 위해 돌진했고, 1930년 인도의 마하트마 간디는 영국의 제국주의에 저항하는 수단으로 소금 광산을 향해 걷는 '소금 행진'을 선택했다. 사실, 이런 사례는 너무나 즐비해서, 지난 수백 년간 역사는 저항하고 투쟁하는 이들을 향해 '행진하라Go on a March!'고 명령했다고 말해도 좋을 지경이다. 시가행진을 빼놓고 한국의 민주화를 말할 수 없겠지만, 비교적 최근인 2016년~2017년 촛불혁명 당시에도 시민들은 집회 후 어김없이 행진했다. 2018년 늦가을부터 시작된 프랑스의 노란 조끼 시위, 2014년 가을과 겨울, 홍콩의 노란 우산 시위, 2020년 초여름, 조지 플로이드 George Floyd 사망 사건이 초래한 반인종주의 시위에서도 시민의 선택은 같았다.

하지만 왜일까? 왜 행진인 걸까? 몸 전체의 전진인 행진은 몸 전체의, 실존 전체의 발언이라는 성격을 지닌다. 또는 하늘 아래서 함께 걷는 행동 자체가 '우리는 그 어떤 지상의 구속에서도 자유로우며 하늘 아래 존엄한 존재'라는 생각의 강력한 표현 또는 최대한도의 선언이다. 그리고 행진으로 행진 참가자 각자의 표현 또는 선언들은 서로 묶여 강력한 에너지를 발산한다. 할 말이 있는 자유인들의 연대는 그래서 행진으로 가장 잘 표현된다. 앤토니아 말칙이 말했듯, "우리가 이동의 자유와 더불어 생각의 자유를 탐험하고, 조심스럽게 사회적 연대를 형성할 수 있는 건 바로 걷기를 통해서인 것"[129]이다.

정치와 전쟁이, 국가와 국경이, 상업과 무역이 생겨나기 이전에도, 심지어 농사를 발명하기 이전에도 인류는 걸었다. 사실, 인류는 지난 백여 년간의 모빌리티 혁명 이전까지 언제나 걷는 종족이었다. 우리의 머나먼 선조들은 새로운 정착지를 찾기 위해 걸었고, 종교적 성소를 찾아가거나 매장지(묘소)를 향해 걸어서 갔다. (1980년대까지만 해도 한국에서는 고인의 시체를 실은 상여와 함께 유족들과 마을 주민들이 매장지를 향해 행진하는 풍속이 남아 있었다.)

이제껏 내가 선택적으로 언급한 도보여행자의 이름이 전부 남성의 이름이라는 끔찍한 사실에도 의당 주목해야만 한다. 남성들이 두 발로 새로운 경험을 하는 동안, 여성들은 모두 어디에 있었던 걸까? 불행히도, 이들의 걷기는 기록에 별반 남아 있지 않다. 기록에 남아 있는 걷기의 주인공은 소수의 남성 여행자, 탐험가, 순례자, 유학생, 외교관, 상인들이다. 1325년부터 1354년까지 무려 29년간이나 도보로 여행한 이븐 바투타Ibn Battuta, 9년간 걸어서 이탈리아와 중국을 오간 13~14세기 인물 마르코 폴로Marco Polo 같은 이들 말이다.

볼노가 말한, 그것 자체를 목적으로 하는 도보여행은 (논의를 서구사회로 한정한다면) 19세기의 산물이다. 이런 도보여행은 산업혁명에 대한 반동反動인 낭만주의와 함께 역사에 등장했다.[130] 19세기 산업혁명의 거대하고 가파른 파고 속에서 (낭만주의 계열의 시인들을 포함한) 어떤 이들은 걷기로 피신했다. 1867년, 존 뮤어는 인디애나폴리스에서 플로리다 키스 제도까지 수천 마일을 두 발로 여행했다. 1892년, "보행자와 야생 세계와의 육체적 만남은 보행자와 세계 모두에게 혜택을 준다"
는 존 뮤어의 생각에 영감을 받아 시에라 클럽The Sierra Club이
창립되었다. 19세기 말이 되면, 대서양 양편에서는 '걷기 모임
들walking clubs'이 창립되고, 도보여행을 다룬 책들이 하나의 계
통을 이루며, 걷기에 관한 포켓북이 베스트셀러가 된다.[131]

　　이런 흐름 속에서 어떤 이들은 관찰하고 기록하려고 도보여
행길에 오르기도 했다. 사실, "한가하게 거니는 산책자는 딜레
탕트 사회학자인 동시에 소설가, 신문기자, 정치가, 일화 수집가
의 자질을" 갖춘 이들이라 할 수 있는데,[132] 어떤 이들은 알아
내고, 탐구하고, 기록하기 위해, 시선이라는 그물망을 쥔 채, 길
을 나섰다. 19세기, 아프리카 땅을 3년간 도보로 여행했던 프랑
스 탐험가 폴 뒤 샤이유Paul B. Du Chaillu도 그런 사람이었다. 그
의 목적은 그곳에서 살고 관찰하고 기록하는 것이었다. 전통
은 계승되었다. 20세기 프랑스 자연과학자이자 탐험가 테오도
르 모노Théodore Monod는 무려 60년간 운석 등을 찾아 사하라
사막을 뒤지고 다녔는데, 그가 이동 수단으로 사용한 건 주로
그의 두 발과 다리였다. 영국의 시각예술가 해미쉬 풀턴Hamish
Fulton에게 걷는 시간은 기록하고 창작하는 시간 그 자체였다.
그는 30년간 세계 곳곳을 방문해 현지에서 산책을 즐겼고, 자
신의 산책 시간과 장소, 경로와 기상 조건 등 세부사항을 기록
으로 남겼는데, 그 기록이 곧 그의 예술작품이었다. 즉, 풀턴에

게 예술의 질료는 자신의 산책 경험이었던 것이다.

1999년 4월, 프랑스의 은퇴한 저널리스트 베르나르 올리비에Bernard Ollivier는 터키의 이스탄불을 출발했다. 그리고 중국의 시안까지 무려 12,000km에 이르는 실크로드를 걸었다. 걷기의 경험은 그의 영혼을 깨웠다. 이듬해인 2000년 5월, 올리비에는 '쇠이유'(Seuil, 문턱, 입구라는 뜻)라는 이름의 단체를 창립한다. 비행(범법) 청소년이 감옥이나 교육용 격리 시설에 가는 대신 도보여행을 통해 회개하고 새로운 삶을 살도록 돕는 단체였다. 쇠이유를 창립한 지 13년 후, 올리비에는 연인 베네딕트 플라테와 함께 프랑스 리옹에서 이탈리아 베로나까지 900km를 걸었고, 이듬해인 2014년엔 베로나에서 이스탄불까지 2,000km를 또 걸었는데, 2014년 그는 만 76세였다.

별도의 언급이 필요한 19세기와 20세기, 21세기의 도보여행자들은 물론 이들에 국한되지 않는다. 브루스 채트윈Bruce Chatwin, 잭 런던Jack London, 잭 케루악Jack Kerouac, 폴 서루Paul Theroux, 그리고 체 게바라Ernesto Che Guevara……. 도보여행을 담대히 실천했던 무수한 '도보여행의 별들'을 추적하다 보면 만나게 되는 이름들이지만, 이런 이름들 역시 그저 몇몇 이름들일 뿐이다.

자, 이것으로 나는 다 말했다. 내가 들은 바를 전부 전달했다! 하지만 말미에 소개하려고 아껴둔 걷기의 사례들이 아직

남아 있다.

때는 1974년 겨울, 배경은 독일이다. 당시 영화감독 베르너 헤어조크Werner Herzog는 걷기의 치유력을 믿고 있었다. 그의 귀에 영화사 연구 분야의 대가인 로테 아이스너Lotte Eisner가 프랑스 파리에서 죽어가고 있다는 소식이 들려온다. 그리고 그는 아이스너를 만나기 위해 뮌헨에서 파리까지 홀로 걸어서 가기로 작심한다. 그러려면 800km를 걸어야 했다. 자신이 걷고 있는 동안은 아이스너가 결코 죽지 않을 것이라는 믿음이 그를 이 도보여행에 나서게 했다. 이 믿음과 함께 그는 걷고 또 걸었다.[133] "울타리를 타 넘고 들과 숲을 건너고 때로는 큰길로 나서서 걷고 심지어 짧은 한동안은 자동차 무료편승의 유혹도 마다한 채 걷고 또 걷는다. 그는 추위와 눈과 서리, 혹은 비가 심심치 않게 찾아드는 풍경"을 가로지른다.[134] "친구의 죽음과 싸우며, 시간과 싸우며."[135]

하지만, 도대체 그의 믿음은 어디에 근거를 둔 것일까? 헤어조크의 걷기는 '아이스너여, 내가 갈 때까지는 제발 살아달라'는 기도였다. 헤어조크에게 걷기는 하늘에 호소하는 가장 효과적인 기도 형식이었다.

'지구보행자Planetwalker'라는 별명을 가진 미국인 존 프란시스John Francis의 걷기도 흥미롭기 짝이 없다. 1972년, 프란시스는 중대한 서원誓願을 세운다. 엔진으로 가동되는 모든 교통수단을 거부하겠다는 서원이었다. 계기는 샌프란시스코의 금문교Golden Gate Bridge 아래에서 발생한 석유 유출 사건이었다. 당시 석유로 고통받던 새들을 구조하던 중, 프란시스는 (아마도 석유에 대한) 어떤 인식의 전환을 하게 된다. 1983년, 그는 침묵을 고집하며 줄곧 걷는 도보여행에 착수한다. 그리고 장장 17년간, 아메리카 대륙을 걸어서 횡단한다.[136] 그의 자전적 기록인《지구보행자Planetwalker》를 충분히 읽어보지 않은 나는 그가 어떤 경험을 했는지 감히 짐작하기 어렵다. 다만, 석유에 짓눌려 죽어가던 새들을 구해내던 한 인간의 놀라운 결심과 그 결심의 묵묵한 실행 앞에서 아직도 자동차를 포기하지 못하고 사는 나 자신의 초라한 모습을 가만 비추어보며 무거운 마음으로 자성할 뿐이다.

마지막으로 소개할 걷기의 주인공들은 정치적 시위와 종교적 명상을 결합한 새로운 장르를 발명해낸 이들이다. 2003년 3월 28일, 한국의 신부 문규현, 승려 수경 등은 전에 없던 새 걷기를 세계에 선보였다. 시가행진을 종교적 의례 또는 순례 행위와 융합한 걷기였다. 이들은 세 걸음 걷고는 한 번 절했고, 이어서 또 세 걸음 걸었다. 이른바 삼보일배三步一拜였다. 총 65일간, 전북 부안의 해창 갯벌부터 서울 광화문까지 약 305km의 길을(약 12만 번의 걸음과 4만 번의 절이 필요하다고 한다) 거침없이, 그러나 경건히 나아갔던 이들의 걷기는 새만금 간척사업의 부당성을 알리기 위한 눈물겨운 호소와 자기 정화의 걷기였다. 삼보일배는 외적 저항의 표현과 내적 정신력 강화를 동시에 성취해내는, 인류사에 출현한 걷기 중에서 가장 진보한 형식의 걷기가 틀림없다.

헤어조크와 프란시스와 문규현 일행의 걷기는 인간의 걷기가 얼마나 진화할 수 있는지를, 어떻게 하여 걷기가 인간의 장엄한 자기표현이 될 수 있는지를 여실히 보여준다. 동시에, 그것은 오직 제 한 몸 건사하겠다고 '걷기 운동'에 매달리는, '걷기 운동'을 걷기의 전부로 알고 있는 이들의 궁색함마저 넌지시 지시한다.

걷기, 인간의 고향

갓난아기의 몸은 한없이 신비하다. 그 몸은 어디서 온 걸까? 갓난아기의 자그마한 손과 발은 그렇게 신기할 수가 없다. 우리 인간은 어디에서 온 걸까? 별들이 가득 차 있는 밤하늘만이 아니라 갓난아기의 손과 발과 얼굴 또한 이런 묵상을 빚어낸다.

별 아래, 지상에서 육아는 고난 어린 투쟁이자, 고통과 기쁨의 뒤범벅이다. 고통의 기억이 슬며시 사라지고 기쁨만이 솟아오르는 예외적 순간도 있는데, 11~13개월의 시간대엔 그런 순간이 꼭 있다. 바로 이때 아기 대다수가 걸음마를 떼기 때문이다. 세상의 모든 아기는 이 시절, 지구 위에 서서, 걷기 시작한다. 아기들은 이때 걷기가 없는 지하의 암흑세계에서 걷기가 있는 지상으로 솟구쳐 오른다.

그러나 이것보다 더 신기한 것은, 아무도 이것을 이들에게 가르쳐주지 않는다는 것이다. 나비의 유충이 때가 되면 알아서 번데기가 되고 때가 되면 알아서 나비가 되듯, 아기들은 때가 되면 알아서 걷기 시작한다.

내 아이가 첫걸음을 걷는 기적을 두 눈으로 직접 목격한 후, 나는 직립보행에 관해 완전히 새로운 시각을 얻게 되었다. 어린 아이의 첫 직립보행은, 보는 이를 자리에 얼어붙게 한다. 그 동작은 관찰자 자신의 첫 보행, 그러나 그(녀)가 기억하지 못하는 그 첫 보행의 생생한 재현이기 때문이다. 관찰자는 자신의 처음을 처음으로, 본다. 아이의 첫걸음은 우리 자신의 신비를 보여주는 신비한 거울이다.

동시에 이 거울은 인류가 처음 직립보행Upright Walking, Bipedalism을 시도하던 태곳적 시절로도 우리를 데려다준다. 12개월짜리 아이가 벽을 짚고 서서 보행을 감행하듯 인류의 선조들도 처음엔 나무 같은 것을 짚고 서서 보행을 시도했을 것이다. 어쩌면 높은 가지에 있는 과일을 따려는 동작이 그 시도의 처음일지도 모른다. 하지만 이 문장들은 살얼음판을 걷는 사람처럼 위태롭다. 직립보행의 '처음'에 관해선 알려진 바가 없기 때문이다.

인류학자들은 직립보행의 시원을 알 수 없다는 점에도 동의하지만, 직립보행이 수백만 년간 진행된 점진적 발전과정이었다는 점에도 동의하고 있다. 직립보행은 하룻밤의 기적이 아니라 장구한 세월 동안(최소 600만 년 전부터 시작되어, 수백만 년간) 실험되고 계발된 기나긴 이행移行이었다는 것이다. 네발걷기에서 두발걷기로의 전환은 하나의 모험, 그것도 대장정의 모험이었다.

조너선 킹덤Jonathan Kingdom 같은 동물학자는 인류가 네발걷기에서 두발걷기로 곧장 이행한 것이 아니라 웅크리고 앉기라는 중간과정을 거쳐 이행했다고 주장한다. 킹덤에 따르면, 인류의 조상은 숲 근처에서 씨앗, 곤충, 파충류, 딸기류 같은 작은

먹이들을 찾아 먹는 과정에서 웅크리고 앉기 시작했다. 상반신의 직립이 먼저 시작되고 하반신의 직립이 뒤따라 왔다는 것이다.[137]

인류의 선조가 왜 직립보행이라는 모험에 나섰는지에 관한 진화인류학의 가설은 하나둘이 아니다. 한 가설에 따르면, 직립보행은 기후변화에 내몰린, 필연의 결과였다. 약 1천만 년 전부터 500만 년 전 사이, 지구의 기온이 점차 내려갔고 그러자 아프리카의 열대우림이 축소되었다. 숲이 사라진 자리를 나무가 많은 평원 지대가 대체했다. 아프리카 숲속에 모여 살던 인류의 조상은 새로운 환경에 적응해야만 했다. 절대적인 난관은 다름 아닌 먹을거리였다. 비교적 좁은 지역에 집중되어 있었고 거주지 인근에서 쉽게 눈에 띄었던 과일은 이제 넓은 지역에 산재해 있었다. 이제는 더 멀리 이동한 뒤 산재해 있는 과일을 거주지로 옮겨와야만 했다. 바로 이 새로운 과제에 응전하는 과정에서 직립보행이 실험되었다는 것이다.[138] 이 가설에 따르면, 직립보행은 하나의 선택지가 아니었다. 그것은 생존을 위해서 가지 않으면 안 되는 필연의 길이었다.

어떤 이유로 시작되었든, 어떤 역사적 경로를 거쳤든, 직립보행은 호모 종과 그 선조들을 지상의 다른 동물들과 확연히 구별지었다. 직립보행이라는 여정이 시작된 뒤에야 비로소 인간의 여정이 시작되었다. 요한 헤르더Johann Herder는 미개한 인간이 "두 다리로 일어서서 문명을 지니게 되었다"[139]고 썼다. 찰스 다윈Charles Darwin은 자신의 역저 《인간의 유래The Descent of Man》(1879)에서 동시대 해부학자 찰스 벨 경Sir C. Bell을 인용하며, 인간종의 진화에 직립보행이 얼마나 중요한지 역설했다. 즉, 먼저 다윈은 "손은 모든 도구의 출처이며, 지능과 교신함으로써 보편적인 지배를 자신에게 제공한다"는 벨 경의 주장을 소개한 뒤[140] 이렇게 덧붙인다. 그렇지만 만일 손이 앞발의 기능을 계속 수행했었다면, 즉 이동하거나 신체 전체의 중량을 지탱하거나 나무에 오르는 데 사용되었더라면 결코 "무기를 제작하거나 돌을 던지거나 목적을 가지고 창을 찌를 정도로 완벽해질 수는 없었을 것"이다. 그러면서 다윈은 "이것 하나만 봐도 직립보행의 주인공이 된 것은 인간에게 계속 이득이었을 것"이라고 단언한다.[141] 불의 사용(약 79만 년 전), 동물 사냥의 효율성을 크게 높인, 삼각형 모양의 날카로운 끝이 있는 창의 제작(약 50만 년 전), 요리의 발명(화식火食, 약 40만 년 전)이 이른바 '원시 인류'archaic homo의 주된 특징으로 거론되지만[142] 이런 특징은 모두 지속적 직립보행 실험과 그 결과물인 '항시적 (필수적) 직립보행'(180만~250만 년 전)[143] 그리고 그 와중에 탄생한 손이라는 기관의 발달이라는 거대 기반암 위에서 탄생할 수 있었다. 위르겐 카우베Jürgen Kaube가 역설했듯 심지어 "뇌조차도 손동작이 섬세해진 혜택을 입었고, 손동작은 다시 뇌가 커진 혜택을 입"[144]었다. 즉, 손의 발달과 뇌의 발달 사이에 자기증폭적 반환(력)positive feedback 회로가 가동되었고, 이 회로의 기원은 직립보행이었다. 또는 "머리가 무거운 우리의 생존 방식은 특별한 걷기 방식 덕분에 획득된 것이지, 그 반대가 아니다."[145] 그렇다면 제레미 드실바Jeremy DeSilva가 정리한 것처럼, "직립보행은 인간 진화의 핵심적 특징"이자 "인간 되기라는 여정의 관문"이었던 셈이다.[146]

손만이 아니라 발 역시 직립보행으로 탄생한 기관이다. 손의 형상이 그것을 바라보는 우리에게 '너는 인간이다'라고 말한다면, 발의 형상은 그것을 바라보는 이에게 '너는 걷는 종족이다'라고 말하는 듯하다. 다른 기관이 아니라 "발을 통해서 우리는 우리 자신이 분명한 발걸음과 긴 척추를 거느린 채 지구를 가로지르도록 진화된 동물들임을 다시금 상기하는 것이다."[147]

오늘날, 발의 임무는 가볍지 않다. 인체의 복부, 상복부, 목, 머리를 지탱하고 있는 골반과 두 다리를 아래에서 떠받쳐야만 하고, 때로는 체중 전부를 감내해야 한다. 항시적 직립보행이 실험되던 기간 내내 발은 지금 같은 형태로 점차 진화했는데, 네발걷기 시절의 발과 비교해 가장 대비되는 발의 특징은, 중앙부의 아치형으로(灣의 형태로) 움푹 파인 부분과 발뒤꿈치 뼈다.

일본 수의학자 엔도 히데키遠藤秀紀에 따르면, 직립보행이라는 실험은 새로운 묵중한 과제를 실험자들에게 부과했고 이 과제를 해결하는 과정에서 인체의 구조는 상당한 변형을 겪었다. 그에 따르면, 네 발로 이동하는 포유동물의 체중은 네 다리와 발에 골고루 배분된다. 이러한 배분 덕에, 네 발 달린 포유동물은 절대 넘어지지 않으며, 신체의 좌우균형도 효과적으로 유지한다. 반면, 두 발로 이동하는 실험을 감행한 우리의 선조들은 '넘어지지 않기'라는 숙제, '다른 방식으로 체중을 하체에 배분하기'라는 숙제, '장기를 안정적으로 몸에 붙들기'라는 숙제를 동시에 떠안게 되었다. 물론, 응전이 시작되었다. 첫째, 장기를 안정적으로 몸에 붙들기 위해 골반이 점차 넓어졌다. 둘째, 선 자세의 체중을 효율적으로 하체로 분산하기 위해 발에는 중앙부의 움푹 팬 공간이 생겨났다.[148]

이 아치형의 공간과 더불어, 호모 사피엔스에게서만 발견되는 또 하나의 특이점은 커다란 발뒤꿈치 뼈다. 발뒤꿈치 뼈는 발을 구성하는 26개의 뼈 가운데 가장 큰 뼈로, '종골'踵骨, calcaneus, heel bone이라 불리기도 한다. 인간의 발에 있는 이 뼈는 고릴라, 침팬지, 오랑우탄, 긴팔원숭이, 콜로부스, 잎원숭이, 마카크, 양털원숭이 등 유인원들의 발뒤꿈치 뼈보다 훨씬 크다. 이러한 형태적 기이성은 직립 상태에서 체중의 중심을 옮기며 신체를 앞으로 나아가게 하는 보행 동작과 관련이 있다. 즉, 체중의 중심을 옮길 때, 체중 전부를 떠받드는 막중한 임무를

이 뼈는 수행하는 것이다.[149]

오늘 우리는 걷기를 당연시하고 있지만, 걷기가 아니었다면 우리의 부모도, 조부모도, 해모수나 주몽도, 단군도, 그 선조들도 없었다. 걷기는 어느 호모 종의 손과 뇌, 치아와 척추, 골반과 발을 오늘날 우리의 신체가 구현하고 있는 형태로 계속 진화시켰고, 어느 호모 종이 고지능의 호모 사피엔스로 진화하는 중요한 여정을 돌이킬 수 없도록 만드는 강력한 동력원으로 작동해왔다. 한마디로, 180만~250만 년 전, 항시적으로 직립보행하는 삶을 구축한 이후, 걷는 호모 종은 과거로 절대 돌아갈 수 없었다. 한 걸음 한 걸음 내딛는 순간마다 우리는 오늘도 이러한 '인류사적인 전진'에 참여한다.

인간은 자연의 산물이고, 자연의 압력이나 법칙에서 자유로울 수 없는 하나의 생물종이다. 하지만 그와 동시에 지구에서 그와 유사한 종을 도무지 찾기 어려운 유다른 종이기도 하다. 다른 종들의 수준을 넘어선다는 의미에서 '도를 넘는' 호기심과 의사소통과 사고思考의 주체로서, '도를 넘는' 관찰과 성찰과 교육을 통해 종교와 도덕과 법과 예악禮樂을, 인프라를 갖춘 대도시와 인터넷과 인공지능을 발명해냈다는 점에서 그러하다. 하지만 이 유다름은 수백만 년 동안 실험되고 안정화된 항시 직립보행이라는 탄탄한 반석이 있었기에, 이 반석과 더불어서만 가능했음을 잊지 말기로 하자. 로제 폴 드루아의 지적대로

인간은 "걷기 시작하면서 말하고 생각하기 시작했다"[150]는 점
도. 그의 가설처럼, 연속되는 "추락과 만회의 원리"라는 걷기의
원리가 실은 말하기, 생각하기라는 활동의 원리이자 그 기반인
지도 모른다.[151]

그러므로 말할 수 있다. 걷기야말로 우리 인간의 출발점이자
준거점이라고. 다름 아닌 걷기가 인간의 고향이라고. 걷는 인간
으로부터 기도하는 인간, 제작하는 인간, 생각(성찰)하는 인간,
예측하고 계획하는 인간, 창작하는 인간, 놀이하는 인간, 작곡
하고 노래하는 인간, 유머를 즐기는 인간, 거짓말하는 인간, 수
다 떠는 인간, 무위하는 인간이 가지를 치고 나왔다. 걷기가 모
든 것을 좌우한 궁극의 결정요소였던 건 아닐 것이다. 하지만,
걷기라는 대장정이 모든 '인간 도약'의 확실한 기초였던 것만은
사실일 것이다. 자연이 가하는 생태적 압력에 순종하지 않고
이에 반항하는 인간, 심지어 19세기 이후로는 온실가스 배출로
지구 전체의 지질학적 질서마저도 교란해온 인간. 그러나 그것
마저 성찰할 줄 알고 행동의 교정에 나설 줄 아는 인간. 인간의
이러한 삐딱함과 위대함의 정수는 걷는 인간의 포즈에 응결되
어 있다. 인간의 고유성은 로댕François-Auguste-René Rodin의 〈생
각하는 인간〉보다 자코메티Alberto Giacometti의 〈걷는 인간〉에
더 잘 각인되어 있다.

11장

자코메티의
〈걷는 인간〉

이집트 왕실에서 자라난 왕족이자 장군인 모세Moses는 자신이 왕족이 아니라 노예의 혈통(유대인)임을 알고 충격에 빠진다. 소식을 접한 모세는 곧장 이집트 왕성王城을 떠나 새로운 여로에 오른다. 홍해를 건너, 지금의 사우디아라비아 반도까지 걸어갔을 때, 모세는 이제껏 자신이 누려오던 모든 것을 벗어던진 인간, 원시적인 상태로 돌아간 인간이었다. 대도시에서 유복하게 자라며 당연한 듯 누렸던 모든 문명화된 생활이, 그간 스스로 구축해온 취향과 스타일 일체가 사막의 바람에 덧없이 흩어졌다. 그리고 그에게 남은 건, 살아남아야 한다는 생각을 제외한 생각 일체가 사라진, 어느 포유동물의 심신뿐이었다. 여로를 걷는 동안, 모세의 심신은 극도로 단순해졌다. 문명의 외피를 하나씩 벗겨내고 최종적으로 남은 인간의 모습. 바로 그런 모습을 그는 하고 있었다.

조각가 알베르토 자코메티Alberto Giacometti도 그런 인간의 모습을 생각했던 것이 분명하다. 그가 남긴 조각 작품 〈걷는 인간L'homme qui marche〉은 극도로 단순해진 인간의 초상이다. 우리를 우리 자신으로 만들어주는 거라고 여기는 것들, 이것이 나를 완성한다고 생각하는 것들, 이를테면 부(재산), 귀(명예, 사회적 지위와 신망), 갖가지 정신적·물질적 소유물, 가족과 친구들 그리고 거기에 덕지덕지 붙어 있는 욕망 일체를 우리의 실존에서 덜어내면 최종적으로 남는 우리의 본질 같은 것. 바로 그런 것을 자코메티는 이 조각상으로 형상화해냈다.

하지만 최종적으로 남은, 인간 실존의 사리 같은 것이 왜 하필 걷고 있는 모습이었을까? 불교에 심취한 조각가라면, 앉아 있는 형상을 빚어냈을 것이다. 부질없는 것들을 여의고 해탈을 이룬 고귀한 자라면 저 7세기 백제의 반가사유상처럼 좌망坐忘하고 있는 모습이 어울린다. 하지만 바로 그런 까닭에, 좌망하고 있는 인간의 형상은 오늘의 우리, 잠시도 멈추는 법을 모른 채, 끊임없는 접속과 업데이트와 질주의 만화경 속에서 살아가는 우리에게는 한없이 멀게만 느껴진다.

반면, 자코메티의 조각 〈걷는 인간〉은 좀처럼 뇌를 쉬게 하지 못하는 우리의 범상한 실존에 퍽 가까이 다가가 있다. 걷기란 삶을 살아가기라는 과업의 은유이기 때문이고, 우리는 오늘도 걷고 있기 때문이다. 즉, 이 조각상은 반가사유상처럼 저 멀리 떨어져 있지 않고 속세의 인간에게 가까이 다가서고 있다. 또한, 모세처럼 모든 것을 잃고 최종적으로 붙들 수 있는 거라곤 자기의 몸 하나만 달랑 남았을 때도 인간은 또다시 발걸음을 떼어놓을 수 있고 떼어놓을 수밖에 없다는 희망의 존재론도 이 조각상에는 일렁이고 있다.

그러니까 이 조각상에는 두 사상이 교차하고 있다. 한편으로 문명의 외피를 벗겨보면 이토록 초라한 것이 현대인이니 자신의 본모습을 볼 수 있어야 한다는, 뼈만 앙상한 무능력한 현대인의 실상을 직시하는 서늘한 시선이 이 조각상에는 번득이고 있다. 또는 현대인 모두가 정신의 헐벗음, 그리하여 존재의 헐벗음 상태에 있다는 시각이 이 조각상에는 출렁이고 있다. 하지만 다른 한편에서는 바로 그 초라한 인간은 다시 걸어가는 한, 걸을 수 있는 한, 헐벗음을 벗어난 삶으로 나아갈 수 있고 나아갈 것이라는, 인간에 대한 따뜻한 연민과 믿음이 은연한 빛을 발하고 있다. 이것은 실로 득의得意의 경지다. 한 손으로는 한없이 탐욕스러우면서도 정신은 헐벗은 현대인을 세차게 후려치면서, 다른 한 손으로는 바로 그 현대인을 애처로운 시선으로 어루만지는 놀라운 정신이, 즉 서늘함과 자비로움을 함께 거느린, 인간을 향한 중층적 시선이 이 작품을 빚은 작가 자코메티의 시선이다.

걷는 인간의 형상은 인간 본연의 형상이지만, 동시에 최초의 인간의 형상이기도 하다. 어떤 동물이 인간으로 거듭났던 순간, 즉 '나는 인간'이라는 자기 인식을 인간이 최초로 가졌던 순간, 그 순간의 인간을 눈에 보이는 형상으로 빚는다면, 걷고 있는 인간의 형상으로 빚어야 한다. 그런 의미에서 걷는 인간의 형상은 인간의 모습을 담은 모든 인간 형상의 원형이다.

걷는다는 것은 자기를 인간으로 인식했던 최초의 인간으로 돌아간다는 것, 인간의 여정을 이어간다는 것, 인간으로 태어난 이번 생이라는 꿈을 정면으로 응시하고, 그 꿈을 포기하지 않는다는 것이다.

　그러나 그것만은 아니다. 걷는다는 것은 두 발과 다리 외의 모든 것을 버리고 오로지 두 발과 다리로만 나아간다는 것, 하늘 아래 이 땅 위에서 그 누구도 침해할 수 없는 자신의 고유한 자유와 존엄을 안으로 확인하고 밖으로 천명한다는 것이다.

　그렇기에 걷는다는 것은 과잉, 복잡함, 신속함, 소유의 존재양식, 자연으로부터의 소외 같은 이 시대 특유의 질병에서 해방된다는 것이다. 걷는다는 것은 우주와 지구의 리듬인 느림에 자신을 다시 일치시킨다는 것, 자신과 만물에 열린 태도를 회복한다는 것, 대지(지구, 흙이라는 우리 자신의 뿌리)와 만물, 타인과 탄탄히 연결되어있는 본연의 상태로 돌아온다는 것, 도울 준비가 된다는 것, 돕는 자가 된다는 것, 즉 존재하는 즐거움에 머문다는 것이다.

2부

발걸음에 얹힌 철학

글 소병철

1장

여행,
생각의 산파

"여행은 생각의 산파"[152]라는 말이 있다. 저명한 프랑스의 철학자 알랭 드 보통Alain de Botton이 《여행의 기술》에서 한 말이다. 아닌 게 아니라 우리가 여행하며 보는 것과 우리가 생각하는 것 사이에는 매우 밀접한 상관관계가 있다. 쉽게 말해 여행 중 우리의 시야에 드나드는 대상들은 우리로 하여금 끊임없이 무언가를 연상하게 한다. 흘러가는 풍경들이 막혀 있던 생각에 숨구멍을 틔워 주는 것이다. 이 때문에 큰 생각은 큰 시야를 요구하고, 새로운 생각은 새로운 시야를 요구하는 법이다.

우리가 평상시에 일하고 쉬는 일터와 집에는 변함없는 삶의 궤적들이 새겨져 있다. 좀처럼 변화가 없는 그곳에서 늘 똑같은 일상생활을 영위하는 우리는 직장과 가정이 우리에게 기대하는 역할과 기능에 묶여 있을 뿐 우리의 '진정한 자아'와는 만나기가 어려운 게 사실이다. 단적으로 말해 그곳에서 우리의 자유는 '왜?'라는 질문을 허용치 않는 수많은 속박과 의무, 인습과 관례의 무게에 짓눌려 있다. 여행은 우리에게 그러한 맹목적 성취와 역할 수행의 중압에서 벗어날 자유의 피난처를 제공해 준다. 그러한 의미에서 프랑스의 철학자 장 루이 시아니Jean-Louis Cianni는 '지금'과 '여기' 그리고 '나'와 '타인'을 버리는 과단성이야말로 자유로운 여행의 선결 조건이라고 말한다. 다시 말해 "우리는 삶의 궤적을 굴절시키고자 떠나는 것이니, 이를 막거나 방해하는 것들은 내려놓고 가야 한다"는 것이다.

그리하여 "우리는 떠날 때 우리 자신과 헤어지는 셈이며, 그럼으로써 변신을 꾀하고 또 우리 자신과 세상을 향한 자유를 되찾는다"[153]고 그는 말한다.

중국의 유명한 작가 린위탕林語堂도 '자유로운 방랑으로서의 여행'을 기리며 "좋은 나그네는 내일 어디로 갈 것인지를 모르는 사람"이고 "더 좋은 여행자는 자신이 어디서 왔는지조차 모르는 사람"[154]이라고 말한다. 여기서 '내일 어디로 갈지를 모름'은 '자유'를 말하고, '자신이 어디서 왔는지 모름'은 바로 그 '버림'을 말하는 것이리라. 이처럼 방향과 지표를 잃은 오늘을 과감히 버리고 떠나와 새로운 세상을 자유롭게 보고 듣고 호흡하며 잊었던 자아와 마침내 해후한 사람은 떠나왔던 오늘로 돌아가 그것을 더 나은 내일로 만들기 위해 다시 찾은 자아에 진실히 헌신할 용기를 갖게 될 것이다.

그런데 우리는 이러한 여행에 때로 바퀴 달린 탈것들이 커다란 방해가 되는 것을 체험한다. 우리는 많은 경우 자동차를 몰고 집을 나서 머나먼 여행지의 숙소에 '화물'을 부린 뒤 또다시 그 차로 주변의 명소들을 일주하며 간간이 음식을 사 먹는 여행 패턴에 스스로를 내맡긴다. 그러나 차를 모는 사람은 차의 앞뒤와 양옆으로 빠르게 명멸하는 길들의 무늬와 질감을 제대로 음미할 여유가 없는 게 보통이다. 그(녀)에게 길이란 단축하고 지를수록 좋은 물리적 거리일 뿐 그 어떤 여유로운 눈길을 보낼 만한 동경과 상상의 표적이 아니다. 그래서 길들은 마음 급한 운전자에게 좀처럼 표정을 드러내지 않는다.

동경과 상상이 실린 여유로운 눈길은 운전자의 눈길이 아니라 오히려 보행자의 눈길이다. 여행을 독서에 비유하면, 솜씨 좋은 운전자는 건조한 설명서의 장절 제목(아마도 다음 목적지까지 남은 거리가 표시된 이정표 정도가 여기에 해당할 것이다)을 겨우 읽을 뿐이지만, 주의 깊은 보행자는 그(녀)의 감성과 지성을 매혹하는 시집이나 철학책의 행간에서 생각하는 즐거움에 빠져 있을 가능성이 매우 높다. 어쩌면 보행자는 다소간 서투른 박물지나 수상록의 저자가 돼 있을지도 모른다. 왜냐하면 보행자는 차바퀴가 갈 수 없는 많은 길과 샛길을 갈 것이고, 그 길을 오롯이 걷는 그(녀)의 감성과 지성은 차바퀴보다 훨씬 더 섬세하되 훨씬 덜 우악스러울 것이기 때문이다. "여행은 생각의 산파"란 말이 자동차 여행보다 도보여행에 더 제격인 이유가 여기에 있다. 자유롭고 섬세한 보행자의 발걸음엔 **철학**이 얹힌다. 자유로운 보행자에게 길은 '도서관'이자 '대학'이라고 한 프랑스의 사회학자 다비드 르 브르통David Le Breton의 말을 들어 보자.

보행은 가없이 넓은 도서관이다. 매번 길 위에 놓인 평범한 사물들의 이야기를 들려주는 도서관, 우리가 스쳐 지나가는 장소들의 기억을 매개하는 도서관인 동시에 표지판, 폐허, 기념물 등이 베풀어주는 집단적 기억을 간직하는 도서관이다. 이렇게 볼 때 걷는 것은 여러 가지 풍경들과 말들 속을 통과하는 것이다.[155]

길은 대학과도 같다. (…) 길은 익숙한 세상의 관례적인 도식을 허물어 예상치 못했던 일이 언제 어디에서 튀어나올지 모르는 장소요, 확신 속에 안주하기보다는 오히려 확신을 깨뜨리는 장소이다. 길은 감각과 지성을 깨우는 영원한 경계 상태, 다양한 느낌을 열어주는 서막이다.[156]

그의 말대로 세상의 모든 길은, 숲길이건 도로건, 오랜 세월에 걸쳐 그곳을 오고 간 무수한 사람들이 발밑에 남겨 놓은 삶의 잎맥 같은 것이다. 말하자면 길은 여러 세대의 행인들이 풍경 속에 찍어 놓은 무수한 족적들의 역사적 결정結晶인 것이다. 일례로 지리산 둘레길을 떠올려 보자. 지리산과 인근 지역은 예부터 웅장하고 수려한 명승으로만이 아니라 '청학동'의 선경이 비장된 신비의 땅으로, 고아한 선비의 유람지로, 의병과 동학군의 전적지로, 공산주의 빨치산의 피어린 방어선으로 지역민의 정체감 속에 묵직이 침전된 문화적·역사적 장소성을 간직해 왔다. 지리산 둘레길의 독특한 장소적 매력과 아우라는 바로 거기에서 유래한다. 그래서 그 길을 걷는 이는 간간이 마주치는 표지판, 기념물, 유적지 따위를 매개로 길 위에 켜켜이 쌓였을 수백 년의 소망과 기대, 한숨과 좌절, 피땀과 눈물을 상상하며 돌아보게 된다. 이를테면 길 위의 소리 없는 부름들이 **진·선·미**를 향한 보행자의 열정에 불을 지피는 가리나무 쏘시개가 되는 셈이다.

이처럼 우리의 사유는 걸으며 깊어진다. 걸음은 한마디로 영감의 자극제다. 종이책만 책일까? 집밖의 세상과 길들이 모두 다 사색가의 서재이다. 그렇기 때문에 우리는 가끔씩 야외로 나가서 우리의 생각에 더 많은 햇볕과 공기를 공급해 줄 필요가 있다. 바로 이것이 현대 철학의 새 지평을 열어젖힌 독일의 철학자 프리드리히 니체Friedrich Nietzsche가 한 일이다. 그는 생각 없는 '무리'에 불과한 군중이 서로에게서 느끼는 순응의 온기를 멀리하고 서늘한 고독의 냉기를 호흡하며 그의 영웅 차라투스트라처럼 산길과 해변을 걷고 또 걸어서 생각을 벼렸던 것이다. 이것은 누구라도 할 수 있는 일이다. 누구든지 야외에 나가면 눈앞에 다가오는 풍경의 현연顯然한 연쇄에 저절로 마음이 열리고, 풍경의 자극에 깨어난 자신의 감성과 지성이 역동하며 내는 생명의 고동 소리를 듣게 된다. 영국의 작가 로버트 루이스 스티븐슨Robert Louis Stevenson의 문학적인 표현을 빌리면 그(녀)는 그 순간 "어떤 바람에도 연주될 수 있는 관악기"[157]가 되는 것이다.

여기서 중요한 것은 보행의 리듬이다. 우리의 감성과 지성은 오직 느린 걸음 속에서만 애만져 깨워진다. 풍경을 칼처럼 자르는 자동차의 질주를 우리의 발걸음이 흉내 내선 안 된다. 질주하는 자동차 운전자들은 풍경을 보는 즉시 망각한다. 이렇게 보지도 듣지도 않을 거면, 그저 빨리 감이 목적이면 그들처럼 걷지를 말 일이다. 그러나 몰랐던 세상과 진득이 사귀며 상처 난 자아를 보듬는 여행은 르 브르통의 말대로 "시간과 장소의 향유인 보행"[158]을 통해서만 보람된 결실을 맺는다. 그러므로 여행지의 길들은 **완보**緩步의 리듬으로 걸어야 한다. 질주하는 자동차와 경쟁하듯 땀내며, 헉헉대며 걷는 것은 스포츠지 여행이 아니다.

2장

질주와 완보

오늘날 평범한 보통 사람들의 일상은 숨막히는 시간의 가속으로 추동된다. 사람들은 쫓기듯 일하고, 쫓기듯 밥 먹고, 쫓기듯 놀아 댄다. 한마디로 그들은 매일매일 질주한다. 하지만 세분된 시간들을 세분된 일과들로 촘촘히 채울수록 시간은 더 빨리 달아나고, 하루는 더 짧아지며, 심신은 더 피폐해질 뿐이다. 왜 그럴까? 전부는 아니지만 대다수 사람들은 부자가 되려고 악착같이 일만 하다 간신히 낸 짬을 서둘러 돈 쓰며 노는 데 소진한다. 바쁘게 쇼핑하기, 고급지게 외식하기, 놀이동산 일주하기 등이 그런 종류의 여가 활용 방식이다. 여행을 하더라도 이 여행은 "다양한 언론 매체에서 전달해주는 정보를 단서 삼아 내비게이션을 켜고, 전국 방방곡곡의 이름난 음식점을 찾아다니며 사진으로 기록하고, 블로그와 소셜 미디어를 통해 지인들에게 전송하는 임무"[159]를 수행하느라 극도로 피로한 것이기 일쑤다.

그렇다면 사람들은 사실상 바쁘게 노는 데 쓸 돈을 버느라 바쁘게 일하며 일생을 보내는 셈이다. 우리가 살고 있는 자본주의 경제 체제는 그런 삶을 고무하고 조장하여 스스로를 번드르르하게 재생산한다. 이것은 우리 삶의 고단한 질주가 대개는 부에 대한 맹목적 집착과 점증하는 소비욕에 바탕해 유지되는 것임을 함의한다. 이 점에 착안해 프랑스의 철학자 프레데리크 그로Frédéric Gros는 우리에게 부를 쌓는 경쟁의 대열에서 빠져나와 청빈清貧이 미덕인 삶, 단순한 '세계 내 현존'을 향유하는 삶 쪽으로 과감히 건너와 보라고 권고한다. 그런 삶은 일찍이 미국의 작가 헨리 데이비드 소로Henry David Thoreau가 월든 호숫가 오막살이에서 가난을 원예처럼 가꾸며 실천한 삶이기도 하다. 소로는 여행을 즐겼지만, 호화로운 열차보다 소달구지 타기를, 벨벳 의자보다 통호박에 앉기를 선호했다. "남아도는 부富는 쓸모없이 남아도는 것밖에는 살 수 없다. 영혼의 필수품은 그 어느 하나를 사는 데도 돈이 필요하지 않다."[160] 이것이 그의 오막살이에 구현된 그 질박한 삶의 금과옥조金科玉條였다. 그로는 바로 그 남아도는 부에 대한 무상한 갈망을 우리가 버릴 때 비로소 잃어버린 삶의 진정성을 회복할 수 있다고 역설한다. 그의 말을 들어 보자.

노동은 부를 창출하기도 하지만 가난을 유발하기도 한다. 이런 의미에서 가난은 부의 반대가 아니다. 정확하게 말하자면, 가난은 부의 보완물이다. 부자는 옆 사람의 접시에 음식이 더 많이 담기지는 않았는지 보려고 시선을 고정시킨 채 게걸스럽게 먹는다. 한편 가난한 사람은 축하연의 빵 부스러기에 매달린다. 그들은 모두 똑같은 경기를 한다. 그래서 승자 아니면 패자만 있을 뿐이다. (…) 청빈은 제도와 대립한다. 경기를 하지 말아야 한다. 검소함을 선택해야 한다.[161]

이러한 선택은 물론 말처럼 쉽지 않을 것이다. 오랫동안 유지해 온 질주의 관성과 뭇사람의 시선이 우리에게 섣부른 멈춤을, 돌아봄을 좀처럼 허락하지 않을 테니 말이다. 하지만 그럼에도 과감히 청빈한 삶의 본궤도에 진입한 사람은 예전과 판이하게 달라진 삶을 경험하게 될 것이 분명하다. 다시 말해 그(녀)는 천천히 걸을 수 있는 무척 긴 시간을 되찾아 매시간·매분·매초를 억지로 채워 잇는 대신 그것들이 제 알아서 숨을 쉬며 익어 가는 모습을 겸허한 마음으로 바라보게 될 것이다. 질주하는 차에서는 볼 수 없던 공간의 생동, 즉 철 따라 달라지는 꽃과 나무, 벌레와 짐승, 대기의 냄새와 색깔, 눈비와 바람, 더위와 추위, 땅의 무름과 단단함, 하천의 세거나 약한 물살, 낮밤의 길이 등이 걷고 있는 그(녀)에게 오랜만에 혹은 처음으로 말을 걸 것이다. 나아가 그것들을 보고 듣고 맡고 느끼는 그(녀)의 몸의 호흡과 심박, 즉 육신의 '세계 내 존재'에 대한 기꺼운 깨달음이 어느새 시간과 동행하는 그(녀)의 정신을 천천히 조금씩 채워 갈 것이다. 바로 이것이 "시간의 늘어남은 공간을 깊이 파고든다"[162]고 한 그로의 수수께끼 같은 말의 비밀이다. 르 브르통은 그렇게 천천히 걸으며 수많은 공간 경험을 축적하는 변화무쌍한 상황 속의 보행자를 자유롭고 모험적인, 세상과 자아의 발견자로 묘사한다.

보행자는 전신의 모든 살로써 세계의 두근거리는 박동에 참가한다. 그는 길바닥의 돌이나 흙을 만진다. 두 손으로 나무껍질을 어루만지거나 시냇물 속에 손을 담근다. (…) 그는 어둠에 싸인 숲의 미묘한 두께를, 땅이나 나무들이 발산하는 미묘한 신비의 힘을 느낀다. 그는 별을 보고 밤의 질감을 안다. 그는 고르지 못한 땅바닥에 누워 잔다. 새들이 우짖는 소리, 숲이 떨리는 소리, 폭풍이 밀려오는 소리나 마을에서 아이들이 부르는 소리, 시끄럽게 울어대는 매미 소리나 햇빛 속으로 솔방울이 툭 하고 떨어지는 소리가 들린다. 그는 상처 난 길 혹은 편안한 길을, 해질녘의 행복 혹은 고통을, 넘어지거나 긁어서 생긴 상흔을 알고 있다. (…) 보행은 그 어떤 감각도 소홀히 하지 않는 모든 감각의 경험이다. 심지어 계절에 따라 열리는 산딸기, 머루, 오디, 개암 열매, 호두, 밤의 맛을 아는 사람에게는 미각까지도 소홀히 하지 않는 전신감각의 경험이다.[163]

이러한 묘사는 꼭 풍찬노숙이 동반되지 않더라도 걸어서 하는 여행이 발견하게 해 주는 **세상의 감각적 두께**란 얼마나 경이로운 것인가를 웅변해 준다. 우리의 소요하는 발걸음은 일상생활에서 잊고 있던 대지의 활력과 그 위에 발 딛고 선 우리의 맨몸에 대한 겸손한 감각을 되살려 이전까지 우리를 거세게 몰아대던 왜곡된 시간 및 공간 관념, 즉 '시간을 추월하고, 공간을 정복하라'라는 맹목적 정언 명령의 정당성을 차분히 재고하게 해 준다. 그리하여 우리는 탐욕도 질투도 내려놓은 여유로운 걸음으로 공간 속의 수많은 경이들에 다가가 그것들의 감춰진 미와 매력, 관능과 활기를 그 자체로 관조하며 즐기기에 이른다. 더 이상은 그것들을 소유와 사용, 지배와 정복의 대상으로 보지 않고 외려 우리의 목적 합리성과 무관한 그 무엇, 즉 우리가 오기 전에 그랬듯 우리가 간 뒤에도 건강히 살아 있어야 할 대자연의 세포이자 수족이자 지체肢體라고 여기게 되는 것이다.

이렇게 마주치는 사물들의 본래적인 가치와 의의를 일깨우는 보행의 효험을 환기하며 르 브르통은 "걷기는 우리의 습관적인 일상이 잊게 만드는 경향이 있는 가치의 단계를 바로잡는다"[164]고 말한다. 그렇다면 우리는 우리가 걷는 만큼 잊고 있던 세계가 우리에게 돌아올 거라고 믿어도 좋으리라. 질주의 병이 완보로 치유되는 이 현상은 누구나 한번은 해 봤을 미각 체험만 상기해도 쉽사리 이해된다. 어린 시절 소풍 가서 먹는 김밥 맛이 그랬듯 오래 걷는 등산이나 트레킹 중에는 잠깐씩 숨 돌리며 먹는 찬밥이나 조리 안 한 푸성귀도 더없이 맛나게 느껴지기 마련이다.

이것은 보행이 우리에게 평범한 사물들의 진가를 알려 주는 단적인 예이다. 보행은 평상시 간과하던 사물들의 활력적인 '디테일'을 파노라마처럼 눈앞에 펼쳐 줄 뿐 아니라, 평상시 하찮게 여기던 것들이 더 이상은 하찮지 않음을 알도록 우리의 감각에 **존재론적·미적 개안**開眼을 선사한다. 이러한 연유로 걷느라 고단한 이에게는 허름한 침상도 푹신하고, 걷느라 배고픈 이에게는 벌레 먹은 배춧잎도 다디단 법이다. 하지만 이처럼 존중과 이해, 관조와 자성이 실린 발걸음은 어디까지나 **느린 발걸음**임을 우리는 잊지 말아야 한다. 그것은 계획대로 답파하는 야심가가 아니라 계획 없이 소요하는 산책자의 발걸음이다. 그래서 그것은 다가오는 경이들에 연이어 한눈파는 '주의 산만한' 걸음인 듯싶다가, 동시에 개개의 경이를 눈여겨 살피는 세심한 걸음인 게 드러난다.

　이해가 쉽도록 지리산 둘레길의 한 구간, 이를테면 남원시 주천면 외평마을-회덕마을 구간을 천천히 걷기 시작한 여름날의 한 나그네를 상상해 보자. 외평마을 길섶의 이름 모를 풀포기와 꽃떨기에 한눈팔며 느릿느릿 걷던 그(녀)는 어쩌면 '개미정지'라 불리는 숲길 어귀의 개서어나무 그늘에 이르러 먼 옛날 그 길을 오가던 장꾼들의 구슬땀과 고단한 다리쉼을 눈앞에 그려 볼지 모른다. 남원장에 약초 팔아 꽃신 산 그 옛날의 한 사내는 자꾸만 품에서 신을 꺼내 훑다가 그걸 받고 기뻐할 재 너머 아내 모습이 어른거려 그예 헤벌쭉 입 벌리고 말았을까? 나그네의 상념은 꼬리에 꼬리를 물 것이다. 이런저런 상념을 좇으며 걸음을 계속하면 얼마 안 가 녹음방초綠陰芳草 우거진 솔숲이 나타나 말없이 지구의 생명을 부양해 온 산림의 속절없는 헌신을 일깨우며 '목재' 아닌 '생명'의 숨소리를 그(녀)의 귀에 들려줄지 모른다.

이 모든 **감성과 지성의 섬세한 열림**은 다름 아닌 **느린 걸음**이 이뤄내는 일이다. 길 위에서 우리는 두 발로 생각한다. 그리고 생각은 여유로운 들러감과 차분한 관조를 바탕으로 여문다. 이러한 완보의 미덕을 환기하며 프랑스의 철학 교사 크리스토프 라무르Christophe Lamoure는 "보행자는 느리게, 그러나 확실히 간다"[165]고 울림 있게 말한다. 그래서인지 우리는 보행이 주행으로, 주행이 질주로 바뀌면 사물들의 윤곽선도 그걸 보는 우리의 시선도 점점 더 흐려져 끝내는 사라져 버리는 현상을 꽤 자주 경험한다.

예를 들면 수십 명이 한 버스를 타고 이 도시 저 산야를 먼눈으로 종횡하다 가끔씩 하사받은 '자유 시간'에 모두가 똑같은 기념품을 사고 똑같은 음식을 사 먹고 똑같은 풍경을 촬영하느라 바쁜 국외 패키지여행이 거기에 속한다. 국내 여행도 양상은 비슷해서 대다수 사람들은 여전히 수많은 '명소'와 '맛집'을 자동차로 순회하며 로봇처럼 '인증 샷'을 제조해 SNS에 탑재하는 평균적 주말여행을 계획하고 실행한다. 그러나 이와 같은 '주마간산走馬看山' 여행에는 '통과'의 의례만 있고 '발견'의 흥분은 없다. '촬영'의 득의만 있고 '관조'의 시선은 없다. 사진이나 얼른 찍고 떠나기를 반복하는 사람은 놀랍게도 '풍경은 풍경 사진보다 아름답다'는 진리를 까마득히 잊은 듯 보인다. 라무르는 느린 보행과 빠른 주행의 이 중요한 차이를 다음과 같이 적시한다.

> 걷는 사람은 자신과 세상의 맥박 사이의 일치를 추구한다. 내달리는 사람이 조급하다면, 걷는 사람은 한가하다. 전자는 시간에 쫓기고, 후자는 시간을 들인다. 한 명이 초시계에 의거한다면, 다른 한 명은 시간이야 아무래도 좋다. 노력 전체의 초점을 마지막 몇 미터에 맞추는, 달리는 사람에게는 오로지 도착만이 아름답다. 노력을 여성 전체에 걸쳐 분산하는, 걷는 사람에게는 오로지 길만이 아름답다.
> 우리는 때로 걷고 때로 달릴 수 있다. 이 두 활동이 양립할 수 없는 것은 아니다. 그렇기는 하지만 이 둘은 같은 논리를 따르는 활동이 아니며, 달리기가 이따금 좋은 일이라고 한다면 걷기는 언제나 필수적이다.[166]

그렇다면 우리는 천천히 걸어야 할 길을 종종 고속으로 질주해 온 우리의 여행 양식부터 되돌아볼 필요가 있다. 《여행 이야기》의 저자 이진홍은 파리의 지하철역 난간에서 비닐봉지를 덮어쓰고 초조히 긋기를 기다리던 빗줄기와 코르도바의 투우장에서 흥분한 관중을 모질게 때리던 빗줄기, 그리고 인터라켄의 평화로운 텐트를 급습한 빗줄기가 그때마다 시간과 동행하던 자신의 눈에는 다 다르고 새로워 보였다고 회고한다.[167] 그러나 만약 그가 그때마다 시간에 쫓기는 패키지여행객 처지였다면, 상이한 빛깔과 감촉의 그 빗줄기들은 그저 그날 해치울 일정의 속행을 방해하는, '소나기'란 통칭의 물리적 변수로만 느껴졌을 것이다. 빗줄기만 그런 게 아니다. 우리가 방문한 곳들의 다채로운 경이는 무심히 지나치며 일별하는 눈에는 담아지지 않는다. 그러니 그곳들을 '배경'으로 끼워 넣은 수천 장의 고해상도 사진엔들 담아질 리 만무하다.

그럼에도 대부분의 패키지여행 일정표는 **경이와의 조우**를 주선하는 느긋한 걸음을 허락하지 않는다. 이 때문에 라무르는 패키지여행객에게 가이드를 따돌려 보라고 익살스레 조언한다. 까닭인즉 "그러면 길을 잃을 것이고, 그럼으로써 길을 잃지 않았더라면 결코 보지 못했을 것을 볼 수 있기 때문이다."[168] 그도 그럴 것이 길 잃은 여행객은 대개 헤어진 일행을 찾느라 모르는 길들을 수없이 지르고 돌면서 처음 보는 현지인과 말을 섞고 의외의 상황들과 마주치는 몸고생, 맘고생을 겪는다. 하지만 이를 통해 수많은 경이에 자신을 다가세워 그 지역 특유의 풍물과 인간사를 의식과 살갗에 더 생생히 새겨 오기 마련이다. 이 모든 체험은 '계획'의 바깥에서 일어난다. 라무르의 조언은 익살스럽지만 함축적이다.

그러나 이 말을 들은 혹자는 천천히 걷는 것이 어디 아무한 테나 허락된 사치냐고 물을지 모른다. 그것은 등 따시고 배부른 한량이나 세상 물정 모르는 책상물림의 고상한 취미일 뿐 당장의 생계가 빠듯한 서민의 관심사는 아니라며 말이다. 이런 생각이 커서인지 오늘날 상당수의 사람들은 건강을 증진할 목적이 아니면 걷는 일을 한갓된 비생산적 무위無爲로 치부하기 십상이다. 이러한 태도는 질주의 상징인 자동차가 생필품화된 현 세계, 달리 말해 두 발과 자전거에 적대적인 현재의 문화적·기술적 조건에서 점점 더 강화되는 추세다. 그러나 우리는 되물어야 한다. 경제 활동이 아닌 모든 활동은 비생산적 무위에 불과한가? 돈 버는 시간이나 재충전 시간이 아니면 모두 다 허비되는 시간인가? '일없이' 걷는 '일'의 무위는 정말로 비생산적인가?

3장

무위의 생산성

생산은 산업의 기능이고, 자본제적 산업은 자본의 이윤 동기에 의해 추동된다. 그리고 이것은 여태껏 돈벌이와 무관하던 두멧구석의 숲길과 들길이 고삐 풀린 자본의 이윤 동기에 의해 더한층 식민화되어 가는 최근의 현상을 설명해 준다. 과거에는 버스를 내린 데서 수 킬로미터나 걸어야 닿을 수 있었던 고독과 침묵, 발견과 사색의 장소들 대부분이 이제는 빈틈없이 연결된 도로망과 유흥 시설 덕에 차 가진 사람이면 누구나 달려가 놀 수 있는 대규모 위락장으로 변모해 버렸다. 이에 따라 그런 곳의 주차장과 진입로를 얼쩡대는 배낭 맨 보행자는 오늘날 끝없이 엉키고 늘어선 자동차 운전자들에게 짜증스럽고 거치적대는 장애물쯤으로나 여겨지는 듯하다.

이렇게 오늘날의 관광 산업은 무수한 생명의 젖줄인 대자연의 요소요소를 진부한 유형의 소비에 내맡겨 그곳들 본연의 아우라와 생명력을 파괴하는 데 열중한다. 그 결과 그곳들은 사람들이 평상시에 자주 하는 선점과 추월, 잡담과 험언, 과식과 폭음, 쇼핑과 오락, 웹 서핑과 게임을 떼 지어 와 계속하는, 일상만큼 진부한 공간으로 변해 가고 있다. 쉽게 말해 그곳들은 '공기 좋은 유흥 지구'에 불과한 무엇으로 변해 가는 중이다. 관광 산업은 거기 온 방문객들에게 아무것도 절제하지 말라고, 그저 일할 때와 똑같은 리듬으로 돈이나 펑펑 쓰다 가라고 부추긴다. 이를 통해 관광 산업이 생산하는 것은 우리의 생명과 건강을 증진키는커녕 저해하는 어떤 것, 즉 몰려드는 자동차와 행락객이 하늘땅에 흩뿌린 소음과 쓰레기뿐이다. 그것은 한마디로 '돈의 잔해'에 불과한 것이다. 이렇듯 오늘날 고삐 풀린 관광 산업은 방임된 이윤 동기 아래서 말초적인 소비의 쾌락을 생산한 대가로 우리의 생명과 건강의 원천을 서서히 파괴하는 **'생산의 소모성'**을 노정한다. 바로 이것이 돈벌이와 결부된 생산은 무조건 생산적이고 돈벌이와 무관한 무위는 무조건 비생산적이라고 말할 수 없는 이유이다.

그렇다면 느긋한 걸음에 체현된 무위의 의의는 무엇일까? 더 일반화해 무위는 우리의 인생에서 어떠한 긍정적 역할을 수행할까? 이러한 질문에 답하려면 우선은 우리들 각자의 마음속에 간직된 유년기의 기억부터 더듬어 볼 필요가 있다. 대부분의 사람에게 '무직無職'의 유년기는 '넘치는 무위'의 시기로 기억되고 있을 테니 말이다. 나 역시 한때는 햇볕에 그을린 얼굴과 흙때 낀 손으로 시야에 들어온 세상을 깜냥껏 바라보고 만지던 지방 소도시의 호기심 많은 사내아이였다. 이 아이의 교실 밖 나날은 대개 뿌듯한 부피의 활동들로 채워진 충일의 시간들이 아니라 그저 심심히 흘려보내진 여백의 시간들이었다. 간혹 한동네 악동들과 패 지어 온 동네를 휘젓던 신나는 날들도 있었지만, 그런 날이 많지는 않아서 아이에겐 무시로 고독이 찾아오곤 했다. 하지만 이 고독은 아이에게 결핍의 그늘이 아니라 성장의 볕살이 되었다. 그 볕살 아래서 아이는 상상에 날개를 달았고, 보이는 모든 것에 상상으로 빚어낸 의미의 자양을 공급했다. 그리고 이 일을 가능케 한 것은 매일매일 찾아오는 무위의 시간과 그것이 열어 보인 의미의 여백, 그리고 이 여백을 관조할 마음의 여유였다.

그러한 상황으로 더 깊이 들어가 보자. 어느 여름날 오후 아이는 가족이 돌아오길 무료히 기다리다 마당 한쪽 화단에 핀 꽃들의 살랑임에 무심한 시선을 보낸다. 이윽고 샐비어와 맨드라미 꽃대를 흔드는 작은 새와 봉접蜂蝶의 날갯짓이 보이자 거기서 볕 이고 꽃 가꾸던 어머니의 수건머리가 어른거려 공연히 문밖에 나가 서성여 본다. 볕 따순 봄에는 마루 끝에 걸터앉아 유행가나 불러 대던 아이 눈에 감나무 밑동을 등지고 도사린 참개구리 한 마리가 보이고, 아이는 몇 년째 구면인 그놈이 고방을 종횡하는 집쥐와 이놈의 고물대는 새끼들, 그리고 감잎에 매달린 쐐기벌레와 농익은 무화과에 우글대는 개미처럼 저와는 그저 철 다르고 입맛 다른 한식구인 것만 같아 새삼스레 살가운 마음이다. 장마철에 아이는 손바닥 오므려 낙숫물을 받다가 처마 끝에 무얼 좇는 시선을 보내기 일쑨데, 이것은 이내 '시원始原'을 캐묻는 우주론적 눈이 되어 빗줄기 촘촘한 허공과 그 위의 아득한 하늘 끝 어딘가를 더듬곤 한다. 겨울이면 아이는 볕 바른 댓돌에 걸터앉아 고구마나 삼키다가 집안 곳곳 언

데를 묵묵히 손보는 아버지의 거친 손잔등을 보고는 그 손도 추우면 시릴 것을 알았는지 괜스레 안방에 가 아랫목을 쓸어 본다.

이 모든 상황들은 우리의 인격에 깊이와 넓이를 부여하는 **생산적 무위**의 역할을 방증한다. 그러한 무위는 우리의 호기심과 상상력을 해방해 자유로운 유영과 창조의 유희에 침잠케 하는 '정지된 순간들'의 창조자이다. 이러한 순간들은 우리가 채워 주길 기다리는 광활한 의미의 여백을 우리에게 내밀고, 우리는 이 여백을 깜냥껏 채우며 '우리가 승인하는 우리'를 만들어나간다.

이와 같은 **'무위의 생산성'**을 가장 깊이 통찰한 인류의 스승은 아마도 소로일 것이다. 그가 월든 호반에서 실천한 검소한 오막살이는 매일 먹어 없앨 식량을 만드는 노동과 평생 동안 유지될 인격의 자양을 만드는 무위, 이 둘의 우아한 조화와 균형을 구현한 것이었다. 하지만 그것은 오막살이 이전부터 견지하던 그의 삶의 철학을 특정한 시공간에 구현한 것이라 오막살이 이전과 이후에 그가 무위에게 받은 선물은 질적으로 다른 것이 아니었다. 월든에 오기 전 간간이 체험했던 무위와 월든 시절에 매일 체험한 무위, 그 각각을 그는 다음과 같이 똑같은 촉감의 무위로 묘사한다.

내가 더 젊었을 때의 여름날 아침, 나는 호수 한가운데에 보트를 띄우고서 그 안에 길게 누워 공상에 잠기곤 했다. 그리고 미풍이 부는 대로 배가 떠가도록 내맡겨놓으면 몇 시간 뒤에 보트가 모래에 닿는 바람에 몽상에서 깨어나곤 했다. 그제야 나는 일어서서 운명의 여신이 나를 호수의 어느 물가로 밀어보냈는지 알아보았다. 이런 날들이야말로 **무위**無爲가 **가장 매력적이고 생산적인 근면**이었다. 나는 이렇게 하루의 가장 값진 시간을 보내고 싶어서 많은 오전 나날에 몰래 빠져나오곤 했다. 왜냐하면 금전상으로는 부자가 아닐지라도 나는 양지바른 시간과 여름날은 얼마든지 가진 부자였기에 이것들을 마음껏 소비할 수 있었기 때문이요, 그 시간을 좀더 작업장이나 학교 교단에서 보내지 않았다 해서 후회할 일도 없었기 때문이다.[169](강조는 인용자)

어떤 여름날 아침에는, 이제는 습관이 된 멱을 감고, 양지바른 문지방에 앉아 해돋이부터 한낮이 되도록 망상에 빠지곤 하였다. 주위에는 소나무와 호두나무와 옻나무가 둘러싸여 있었으며, 아무도 방해하지 않는 고독과 정적이 펼쳐져[170] 있었다. 오직 새만이 곁에서 지저귀거나 소리 없이 집안을 넘나들고, 그러다가 서창西窓에 햇빛이 들거나 멀리 행길을 지나는 어느 여행자의 마찻소리를 듣고서야 문득 시간이 흘러간 것을 알게 되는 것이었다. 이런 날에 나는 밤에 옥수수가 자라듯 성장하였다. 이런 시간은 내게는 손으로 하는 그 어떤 일보다 훨씬 더 소중한 것이었다. 그런 시간은 내 생애에서 공제될 시간이 아

니라 오히려 나에게 주어진 평생의 시간을 추가해 주어진 특별 수당과도 같은 것이었다.[171]

그렇지만 이러한 무위는 시간과 동행하는 탐구적 자의식에게만 '옥수수가 자라듯' 자라게 할 양분을 줄 것이다. 반대로 시간을 죽일 뿐인 시름없는 날건달에게 그것은 점점 도를 더해 가는 권태의 원천에 다름 아닐 것이다. 요컨대 무위를 성장의 기회로 만들지, 아니면 권태의 늪으로 만들지는 무위에 들어온 사람의 자아감과 책임성에 좌우되는 문제다. 그렇다면 천천히 걷는 일이 무위로 보인들 무엇이 문제이랴. 그것은 걷는 일 자체를 백안시할 이유가 못 된다. 어떻게 살지를 고민하는 사람은 누구나 걷는 일을 가능케 한 그 **무위**를 하나의 **책임 있는 멈춤**으로, **생각의 소생술**로, **의미의 발견술**로 선용할 수 있을 테니 말이다.

그럼에도 혹자는 여전히 물을 것이다. 느긋한 걸음은 아무래도 생계가 보장된 한량의 걸음이지 생계가 빠듯한 서민의 걸음일 순 없잖냐고. 그렇다면 서민에게 걷는 일은 정말로 부자가 되기 전엔 감히 못 누릴 호사인 것일까? 이 질문은 걷는 일이 부자의 특권인지, 아니면 만인의 손안에 있는 삶의 균형추이자 활력소인지 공정히 판가름해 볼 것을 우리에게 요구한다.

해와 달, 비바람은
빈부를 모른다

새삼스러운 얘기지만 **사람은 누구나 존엄하다. 부자든 빈자든**
똑같이 존엄하다. 그래서 우리는 종종 스스로 선택하지 않은,
'가난'이라는 불운한 출발선에서 인생을 시작한 사람들도, 역
시나 스스로 선택하지 않은, '풍요'라는 다행한 출발선에서 인
생을 시작한 사람들과 똑같이 사람이면 누구나 누릴 자격이
있는 일련의 기본적인 권리들을 누려야 한다고 느낀다. 이러한
보편적 인간 존엄 사상은 물론 특권과 차별이 온존하는 불공
평한 현실에서 불행히도 묵살되기 일쑤다. 하지만 그럼에도 사
람들은 그것의 규범적인 정당성이 훼손되었다고 느끼지는 않
는다. 오히려 불공평한 현실은 인간 존엄 사상이 지닌 이상으
로서의 광채를 더한층 돋보이게 하는 발견의 계기로 종종 작
용한다. 이러한 현상은 한 사람이 현실에서 아무리 불공평한
대우를 받더라도 이를 통해 그(녀)의 '본래적인' 존엄성이 부인
된 건 아니라는 역설을 말해 준다. 이 점을 웅변하듯 소로는
"그대의 인생이 아무리 비천하다 하더라도 이를 마주 대하고
이것을 살아내야 한다"고 말하며, 똑같은 뜻에서 "그대의 인생
이 가난하더라도 그것을 사랑하라"[172]고도 말한다.

　하지만 이 말은 가난한 사람도 차별을 참아 내고 열심히 노
력하면 언젠가는 특권을 누리는 부유층의 구성원이 되리라는
속물적 처세훈이 아니다. 부당한 특권과 차별은 마땅히 철폐해
야 하고 또 어떻게 철폐할 것인지는 다양한 층위의 비판적 공

론장에 회부해 공적인 해결을 도모할 문제지만, 이와는 별도로 가난한 사람들은 제각기 형벌 같은 자기 삶도 본래는 존엄한 삶임을 끝끝내 기억케 할 내면의 힘살을 단련할 필요가 있다. 이러한 의미에서 소로는 가난으로 무력해진 이들에게 그들을 둘러싼 절망의 벽에다 자그만 자존의 창문을 내 보라고 권유한 것이다.

나아가 소로는 그들의 무력감을 떨치는 데 자연이 주는 위로만큼 좋은 것은 없다며 이렇게 유장히 말한다. "저녁 황혼의 붉은 놀은 양로원의 창문에도 부자의 저택에도 똑같이 비추고, 이른 봄에는 양로원의 문간에서도 눈은 녹는다"[173]고. 이 말뜻 그대로 자연은 자비도 심술도 차별이 없어서 해와 달, 바람과 구름, 비와 눈은 부자와 빈자를 똑같은 손길로 만지고 스치고 달래고 을러멘다. 그러니 만가萬家의 문밖에 편재하는, 태양의 위로와 바람의 성원 같은 **자연의 공짜 선물**이 어떻게 부자만의 것일 수 있겠는가?

물론 '일없이' 걷는 '일'은 비장한 돈벌이도 박소拍笑할 오락도 아닌지라 가난한 이들은 퇴근 후나 비번일의 고독한 산책이 처음엔 마음에 안 내켜 문밖에 나서기를 주저할지 모른다. 하지만 어렵게 내디딘 걸음들은 조금씩 경직이 풀리며 어느새 스스로 창조한 리듬에 편안히 실려갈 것이고, 이 리듬이 일으키는 율동감과 평정심은 산책자를 짓누르던 애초의 근심들을 서서히 무력화할 것이다. 말하자면 근심들은 차분한 발걸음의 만류로 바짝 틀어쥔 산책자의 멱살을 슬며시 놓게 되고, 이 덕에 산책자는 지금껏 절망만을 키워 온 내면의 혼란을 조금은 정리해 세상과 인생의 풍미를 다시 느낄 마음의 준비를 하게 된다. 이것은 근심들의 파괴력을 현저하게 줄여 주는, '산책'이란 해독제의 긍정적인 영향이다. 하지만 산책은 요술이 아닌 이상 근심들의 근원을 없애 주진 못한다. 그럼에도 산책자는 생각하는 걸음으로 일상에서 맹종해 온 속류배俗流輩의 가치관을 차분히 재고해 전도된 가치들의 서열을 바로잡고 실추된 인간적 자존감을 되찾는, 짧거나 긴 여정에 들어선 셈이며, 이를 통해 근심들과 맞서 싸울 내면의 저력을 제 발로 꿋꿋이 찾아 나선 셈이다. 이러한 산책의 효능에 착안해 르 브르통은 습관화된 산책이란 "의미의 길을 세우고, 존재 이유를 만들어내고, (…) 흥분을 만들어내고, 존재감을 되살리는 일"[174]이라고 역설한다.

하지만 그러한 **내면의 재건**은 결코 산책길에 발만 대면 저절로 일어나는 화학 반응이 아니다. 그것은 세계 및 자신과의 불화를 그 둘과의 새로운 해후로 바꾸려는 목마른 주체를 전제하며, 그러한 주체의 진지한 정체성 모색이 없으면 일어날 수 없는 '기적'이다. 간단히 말해, 생각 없는 걸음은 내면의 재건을 성취하지 못한다. 그리고 이 점은 예컨대 오솔길 산책과 트레

드밀 주행의 결정적인 차이가 뭔지를 말해 준다. 전자는 다소간 엉키고 끊어진 삶의 실을 길 위에서 다시 만져 잇는 모색과 발견의 걸음이며, 이러한 성격상 길에서 만나는 다양한 경이와 아름다움, 오감의 생동과 분방한 연상 등이 촉발하는 '철학적 일탈'을 어느 정도 동반하기 마련이다. 반면에 후자는 육체의 감량과 단련을 목표로 미리 정한 시간과 속도, 거리와 경사도, 칼로리량과 체지방량에 맞춰 걷거나 달리는 능률화된 일관 작업이며, 이러한 성격상 대개는 단순 반복 동작의 권태를 덜어 주는 휴대용 시청각 기기들에 완주를 의탁하기 십상이다. 이와 같은 차이는 주로 전자가 내면의 성찰을, 후자가 육체의 양생을 꾀하는 활동인 데 기인한다.

성찰하는 산책자는 벨트를 돌리는 뜀박질로 길을 가면 안된다. 땀 쏟는 달음질은 만유를 걸러뛰는 빠름의 강박으로 내면의 성찰에 긴요한 '점진적 시간감'과 '확장적 공간감'을 마비시킬 따름이다. 이와 달리 성찰은 그것을 북돋는 완보의 리듬과 감각적 유인들의 도움으로 서서히 깊이와 넓이를 더해 가는 정중동靜中動의 심상이다. 다시 말해 성찰은 그것을 촉발하는 길 안팎의 경이들과 지긋이, 허물없이 사귀는 교제술을 매개로 깊어지고 넓어진다. 이처럼 길에서 영그는 사색은 어쩌면 우리의 맨몸과 맨땅이, 발바닥과 땅거죽이, 소우주와 대우주가 기계 없이 이뤄내는 비밀스런 공조의 증거일지 모른다. 아니면

'인간과 자연의 본원적인 통일'이란 이제는 다 죽게 된 형이상학이 뒷방에서 홍얼대는 청승스런 애가哀歌로나 들릴 말인가? 정답은 아무도 모른다. 그러나 르 브르통이 인간을 변화시키는 '길의 연금술'을 말할 때[175] 그 역시 똑같은 우주론적 일체감에 빠져 있지 않았을까?

이와 같은 성숙과 치유의 느낌을 뭐라고 부르든, 중요한 건 그것이 돈 없으면 못 누리는 사치품은 아니라는 사실이다. 무수한 여행객이 몰려드는 국내외의 명승도 해이한 감각에겐 고유한 가치를 드러내지 않지만, 깨어 있는 감각에겐 가난한 제 집 앞 골목과 거리도 세상에 하나뿐인 총천연색 자서전을 활짝 펼친 경이의 보고寶庫로 다가온다. 거기에는 오래된 밥집, 술집, 빵집, 떡집, 청과상, 편의점, 미용실, 사진관, PC방, 낙서한 벽이나 전봇대 따위가 즐비할 것이고, 그곳들을 지나거나 드나드는 앞니 빠진 동네 꼬마, 맥주 사 든 취준생, 웃음 터진 교복들, 장바구니 든 여인, 불콰해진 아저씨, 볕 쬐는 어르신 등은 매일매일 제각각의 희로애락을 이래저래 사연 많은 집들과 가게들에, 건물들과 거리들에 함부로 혹은 조심히 쏟아 내고 있으리라. 가난한 이라도 근심들과 대적할 투지만 남았다면 그러한 이웃들의 애환에서 근천스런 꼴일망정 서로서로 위로하고 격려하며 지켜 갈 '존엄한 삶'의 본보기들을 공감 어린 눈으로 찾아낼 것이다.

자연이 있는 야외는 어떤가? 제아무리 절경인 국내외의 산
야도 해이한 감각에겐 인터넷이 찾아 준 사진들의 불완전한 재
현 같아 그저 그럴 뿐이지만, 깨어 있는 감각에겐 동구 밖 야
산이나 개천가 둑길도 명승지 못잖은 생태적 경이와 진득한 내
성內省의 촉각을 선사하는 발견의 성소聖所로 체험될 것이다.
예를 들어 전남 순천의 순천만은 공원으로 획정된 일부 구역,
즉 순천만 전경의 조망에 최적화된, 갈대밭 데크길과 용산 전
망대 중심의 표준화된 관광 루트 외에도, 눈 밝고 지갑 얇은 산
책자를 유혹하는 수많은 경이의 샛길과 오솔길을 고즈넉이 품
고 있다. 인적 드문 그 길들은 발소리에 깜짝 놀란 고라니의 줄
행랑을 무시로 보여 주고, 길가의 갯밭은 개흙에 우글대는 게
들과 짱뚱어들의 고요한 소란을 마치 무대의 페이드인fade-in처
럼 주목하는 눈에 천천히, 점점 선히 보여 준다. 이 시간의 적
막을 깨는 것은 낮게 나는 물새의 울음과 참참이 머리 위를 지
나가는 무인궤도차의 나직한 기계음뿐이다.

순천에 사는 사람은 **부자든 빈자든** 맘만 먹으면 그런 곳에
날마다 갈 수 있다. 가까우면 걸어서, 조금 멀면 자전거 타고,
많이 멀면 자동차 타고 가면 된다. 그러면 산책은 매일 하는 짧
은 여행이 될 것이다. 이것은 어디에 사는 누구에게라도 들려
줄 만한 말이다. 이에 관해 르 브르통은 이렇게 귀띔한다. "집
에서 멀어질 방법을 갖지 못한 다른 이들에게 짧고도 반복적

인 걷기는 자신의 존재에 대한 장악력을 되찾기 위해 가능한 해결책이다"[176]라고. 이와 같은 의미에서 미국의 작가 존 버로스John Burroughs도 우리는 "언제나 멀리 떨어져 있는 놀랍고 자극적인 것만을 갈망하여 정작 눈앞에 있는 신들의 길을 깨닫지 못한다"[177]고 꼬집는다. 그렇다면 산책이든 여행이든 걷는 일의 보람과 의의를 결정하는 주요인은 '어디를' 걷느냐가 아니라 '어떻게' 걷느냐인 셈이다. '나는 누구이고 어디로 가는가'를 자문하며 내면을 세상에 개방한 사람은 누구나 집 근처 거리와 공원도 인파로 붐비는 명승들 못잖게 볼수록 생기 있고 흥미로운 곳임을 알아 갈 것이다.

5장

귀가
- 살아서, 살러 돌아오기

자아를 찾으러 길에 나온 사람에게 걷는 일은 내면에 자욱이 드리운 안개를 헤쳐서 가렸던 시계視界를 되찾는 일이다. 그러므로 걷는 이는 길에 들어서는 순간 짙은 안개 때문에 성패가 불투명한 **내면적 자기 갱신**의 인생 모험에 진중히 착수하는 셈이다. 이러한 성찰적 보행의 가장 눈에 띄는 특징은 자아에서 출발해 자아에 도달하는 그것의 재귀적 여정이다. 우리는 우리 삶의 바깥에 삶의 목적을 두고 있지 않으므로 '나는 누구이고 어디로 가는가'를 자문하며 길을 떠난 사람은 확답이건 아니건 모종의 답을 들고 원래 삶의 자리로 돌아와 안개에 가렸던 인생 여정을 다시금 이어 가야 한다.

여기서 돌아온 자아가 떠날 때의 자아보다 더 참되고 강하다면, 이것은 길들이 자아에게 순수한 '지금'과 '여기'의 복음을 들려준 덕이리라. 오늘 길에 나온 사람은 어제까지의 눈먼 인생 궤적을 맘속으로 지우고, 앞으로의 인생을 새로운 출발선에 세우기로 맘먹은 것일 테니 말이다. 말하자면 그(녀)는 출세주의, 성공 강박, 냉소주의, 무력감, 권태감 등으로 꽉 차 있던 자신의 **내면을 텅 비운 후** 무無에서 새롭게 **채움의 걸음**을 내딛고자 그 길에 나왔을 것이다. 아득한 그 길 끝 어딘가에 새로운 출발선이 보이기를 희망하며.

이렇듯 길에 나온 사람은 더 빨리 더 많은 성과를 내라고 채근하는 산업 사회의 압박을 벗어나 '달아나는 현재'를 붙잡고

향유하는 비주류적 시간 체험에 참여한 것이다. 그것은 '의미'와 '성찰'을 지향하는 자주적 시간 체험이다. 이 체험을 이끄는 그(녀)의 두 발은 질주하는 산업 사회가 조성한 의미의 진공을 채우는 **발견의 걸음들**을 이제부터 진중히 내디뎌 볼 참이다. 그(녀)에게 이 걸음은 '현재'를 구하는 '멈춤'일 것이다. 다시 말해 그것은 일상의 무의미한 질주에서 자신을 구하려는, 상처 입은 자아의 건강한 몸부림일 것이고, 나아가 시간이 느리게 가는 곳, 금전적 성취에 대한 압박이 없는 곳, 순수한 심신의 효능감이 만끽되는 별세계로의 일시적인 망명이 될 것이다.

이렇게 과거는 잊었고 미래는 모르는 채 길을 걷는 그(녀)는 결국 '현재'라는 절정의 순간과만 동행하는 셈이다. 그리하여 길에서는 시간의 첨단인 '지금'과 공간의 첨단인 '여기'가 그(녀)에게 오롯하고 충만한 '카르페디엠carpe diem'을 선사할 것이고, 이 덕에 그(녀)는 내딛는 걸음마다 감각이 생동하고 지성이 반응하는 심신의 고동을 체감하며 새로운 출발선의 희미한 윤곽을 더듬더듬 그려 내기 시작할 것이다.

물론 이러한 '해피 엔딩'은 결코 약속된 결말이 아니라 걷는 이의 노력으로 거둬지는 결실임을 잊어선 안 된다. 무엇보다도 **비움과 채움의 진정성**이 양질의 거름이 되어 그 결실을 더욱더 빛나게 할 것이다. 그리하여 걷는 이는 마침내 새 출발의 밑그림에 고무된 채 만선해 귀항한 어부처럼 훤해진 얼굴로 그리웠던 가족과 상봉하게 될 것이다. 이렇게 원래의 삶터에 기꺼이 돌아와 되찾아 온 자아에 헌신하며 살아가는 여행자의 이미지는 우리가 잠시든 오래든 여행을 떠나는 이유를, 나아가 때가 되면 집으로 돌아오는 이유를 말해 준다. 미국의 철학자 조지 산타야나George Santayana는 「여행철학」이란 에세이에서 그러한 여행자를 염두에 뒀던 듯 "현명한 여행자는 자신의 도시로 돌아와 그 이름을 높이 찬양하게 될 것이다"[178]라고 말한다.

그러니 떠난 이는 **돌아와야 한다.** 죽으러 떠난 게 아니라 사는 길을 찾으러 떠났다면 **살아서, 더 잘 살러** 돌아와야 한다. 플라톤Platon의 '동굴의 비유' 속 선각자처럼 길에서 쐰 태양빛의 느낌과 그 빛 아래 만유의 적나라한 참모습을, 버리고 온 자기에게 돌아와, 본 대로, 들은 대로 알려 줘야 한다. 안 믿으면 믿도록 조곤조곤 일러 주고, 질문하면 알아듣게 맘 매듭을 풀어 줘야 한다. 대답이 궁하면 태양빛의 느낌이 어느덧 아스라해진 탓이니 또 한 번 쐬러 나가면 될 일이 아닌가? 이렇게 우리는 새로 얻은 자아에 예전의 자아가 진실히 동화되게 해야 한다. 그리하여 종국엔 길들이 준 가르침을 여전히 신산한 일상에 꾸준히 녹여 내야 한다. 새로운 다짐으로 충전된 심신이 우리 앞에 버티고 선, 그 숱한 통속과 범용에 결기와 인내로 헌신하게 해야 한다.

그럴 때 우리 삶은 시나브로 변화할 것이다. 우리는 여전히 바쁘게 무언가를 결정하고, 무언가에 뛰어들고, 무언가에 울고 웃을 것이다. 하지만 더 이상 생각 없이 그러지는 않을 것이다. 이제는 우리에게 돈보다 자유가, 독주獨走보다 연대連帶가 더 중요해졌을지 모른다. 나아가 전에는 안 보이고 안 들리던 약자의 눈물과 악인의 웃음, 풍요의 그늘과 지구의 신음 같은 게 이제는 또렷이 보이고 들릴지도 모른다. 못 본 척하고 못 들은 척하면 오히려 더 편할, 그 숱한 인간사의 왜곡과 굴절은 역설적이게도 우리가 이 세상에 드러내고 싶어하는 존재감의 가장 중요한 원천이 될 것이다. 왜냐하면 바로 그 왜곡과 굴절에 맞서는 우리의 저항이 비로소 우리가 영위하는 현존의 의의와 가치를 우리 자신에게 일깨우는 가장 직접적인 계기가 될 것이기 때문이다. 이러한 존재감은 당연히 열등한 타자를 전제하는 우월감이 아니라 평등한 타자와 1인분씩 나눠 갖는 자존감이다. 한마디로 그것은 '지배'가 아니라 '참여'의 느낌인 것이다. 우리는 모두 다 세상에 하나뿐인 우리의 존재를 그만큼 중요한 것으로 만들 수 있다. 때때로 우리가 세상에, 아니면 우리 자신에게라도 중요한 존재인지 의심되면, 일단은 제일 가깝고 만만한 길에 나가 천천히 걸으며 그 리듬에 호흡을 맞춰 볼 일이다. 누가 알랴? 그렇게 내디딘 걸음은 위대한 내면의 재건을 가능케 한 우리 인생의 기념비적 사건이 될지도 모른다. 아니면 한 움큼의 맑은 샘물 같은 휴식으로 그쳐도 이보다 더 좋은 일이 흔할까?

6장

바라보는 시선과
지나치는 시선

우리는 '비워서 떠남'과 '걸어서 채움'의 의의를 음미했다. 이를 통해 우리는 '어디를' 걷느냐가 아니라 '어떻게' 걷느냐가 진정한 채움의 관건임을 또한 알게 되었다. 그렇다면 우리는 오늘날 그러한 채움의 보행을 제대로 실천하고 있는가? 길에 나온 우리는 두 발에 지혜sophia를 사랑하는philein 자의 갈망, 즉 철학 philosophy을 조금이라도 얹고서 걷는가? 이에 대한 대답은 걷는 사람과 상황에 따라 달라지겠지만, 생각 없이 걸을 때도 많다는 게 정직한 대답인 듯싶다. 우리는 간혹 혹은 자주 원근의 산길과 들길을 걷고, 국내외 각처의 명승지를 걷지만, 우리의 걸음은 '바라보는 시선'이 아니라 '지나치는 시선'에 인도되어 아무리 오래여도 불모인 걸음, 즉 채움 없는 걸음으로 일관하는 경우가 허다하기 때문이다.

더 깊은 논의를 위해 1장에서 인용했던, "여행은 생각의 산파"라는 드 보통의 말을 상기해 보자. 알다시피 이 말은 여행이 무거운 사고의 부담을 동반하는 고난의 수행修行임을 뜻하지 않는다. 오히려 그것은 우리가 여행을 하면서 바라보는 것들이 우리의 정신적인 활력을 예상치 못했던 방식으로 고양한다는 생각을 표현한다. 그는 《여행의 기술》에서 '바라보는 시선'과 '지나치는 시선'의 차이를 적시하기 위해 우리에게 숲길을 걷는 두 종류의 산책자, 즉 스케치를 좋아하는 눈 밝은 산책자와 스케치 따위엔 조금도 관심 없는 몰취미한 산책자를 각각 상상해 보라고 권한다. 전자는 십중팔구 걷는 동안 수목의 잎새들 사이로 흩뿌려진 햇빛과 에메랄드빛 공기에 마음 때가 씻김을 느끼고, 선녹색 이끼와 다채색 지의류가 자물려 지어낸 천연의 색동옷을 경탄하여 바라보고, 가파른 언덕 끝을 움켜쥔 거목의 뿌리와 초록 비탈에 난만한 백화百花의 현연한 자존을 평정한 교감으로 관조할 것이다. 이로써 그(녀)의 섬세한 감각은 그 모든 경이의 기원과 의미를 찾는 정제된 **철학적 사유**로 인도될지 모른다. 그러나 후자는 전자의 주의를 산만하게 하는, 그 어떤 풍경의 편린에도 한눈팔지 않고 무심히 숲길을 왕복할 가능성이 크다.[179]

이처럼 마주치는 사물들을 하나하나 바라보며 걷는 산책자는 어쩌다 높다란 산마루에 오르면 저 멀리 깎아지른 벼랑 끝에 누운 듯 매달린 한 그루 노송만 보아도 그것의 도저한 생명력에 모종의 형이상학적 경외감이 솟아날지 모른다. 어쩌면 무도한 등산객 패거리의 '야호' 소리와 수선스런 왈패질이 그 순정한 감동에 찬물을 끼얹을 때까지 그러한 **'철학적 일탈'**은 계속될 것이다. 물론 이러한 정신적 활력의 고양은 결코 저절로 일어나는 사건이 아니라 세상의 경이와 자아의 반응을 응시하는 외감外感과 내성內省의 공력이 충분할 때 거둬지는 결실이다. 독일의 철학자 테오도르 아도르노Theodor Adorno는 그러한 응시의 농도가 얼마나 진한가에 따라 응시된 대상 또한 자체의 본질을 진하게 혹은 옅게 우리한테 열어 보인다고 말한다.

모든 것이 아름답다고 생각하는 사람은 곧 아무것도 아름답지 않다고 생각하게 되는 위험에 빠진다. (…) 응시된 대상 이외의 모든 것을 무시하는 무관심한 시선만이 미를 포착할 수 있다. 존재하는 것을 올바로 느끼기 위해서는 오직, 모든 존재자가 제기하는 요구에 대해서는 눈을 감는 차광遮光이 필요하다. 존재자가 그 '일면성' 속에서 있는 그대로 받아들여질 때에만 그러한 일면성이 그 존재자의 본질로 파악(…)될 수 있다. 하나의 미에 홀린 시선은 안식일의 시선이다. 그러한 시선은 대상 속에서 그 대상이 창조되던 날의 휴식과 같은 무엇을 구원해낸다.[180]

이렇게 '바라보는 시선'은 자신의 공력만큼 우리를 세상과 자아의 정화精華에 다가가게 해 준다. 여기서 관건은 **완보의 리듬**, 즉 느림이다. 그러나 유감스럽게도 오늘날 우리의 걸음은 어느덧 공장과 사무실이 아닌 데서조차 공장과 사무실을 지배하는 '합리화'의 원리를 맹종하게 된 듯싶다. 니체는 1882년에 낸《즐거운 학문》이란 책에서 타인을 앞지르는 것, 즉 "다른 사람보다 더 적은 시간 안에 어떤 일을 해내는 것이 오늘날의 미덕"[181]이 된 현실을 개탄하며 "이제 곧 명상적 삶을 추구하는 것, 다시 말해 사상과 친구를 동반하고 산책하는 것이 자기멸

시와 양심의 가책을 느끼지 않고는 허용되지 않을"[182] 사치가 될지도 모른다는 예지적 우려를 표한다. 아니나 다를까 그로부터 백수십 년이 지난 오늘날 많은 사람들은 자신의 여가를 일하는 시간처럼 잘게 쪼갠 후 그 각각의 파편들을 일련의 소모성 활동들로 부산히 채우느라 오롯이 제 것인 '자기 대면'의 호기회를 허망하게 소진하기 일쑤다. 말하자면 그들은 공장과 사무실에서 내면화한 효율적 생산의 에토스를 공장과 사무실 밖에까지 들고 나와 그것에 자신의 여가마저 통째로 내맡기는 일차원적 행동 양식을 어느새 습성화한 것이다.

이러한 상황에서 여가를 이용한 여행은 당연히도 **자아를 찾는 걸음**이 아니라 **자아를 피하는 도주**가 되기 쉽다. 서둘러 마치려고 시작한 여행에서 여행자는 시시각각 다가와 말 건네는 세상과 자아의 민낯을 '지나치는 시선'으로 일별하며 비껴갈 것이기 때문이다. 그(녀)에게 여행이란 되도록 시급히 해치워야 할 일더미일 뿐이므로 여행이 끝나면 그(녀)의 뇌리엔 가려 했던 모든 곳을 가 봤다는 자위自慰만 앙상한 형해形骸처럼 남게 될 것이다. 드 보통의 표현을 빌리면 그(녀)는 "사막을 건너고, 빙산 위를 떠다니고, 밀림을 가로질렀으면서도, 그들의 영혼 속에서 그들이 본 것의 증거를 찾으려고 할 때는 아무것도 나오지 않는 사람들"[183]의 부류에 속한다. 보지 않고 달리기만 하는 이 부류는 본 것이 없으니 연상할 과거도 반추할 자아도 기획할 미래도 없는 채로 그저 온갖 곳을 서둘러 일순하고 돌아올 뿐이다. 단적으로 말해 그들의 행보엔 비움도 채움도 전무한 것이다.

그렇다면 그들은 왜 그렇게 됐을까? 우연히 그리된 건 아닐 것이다. 현대의 수많은 철학자들은 평범한 뭇사람의 시선을 '지나치는 시선'으로 집요히 환원하고 견인해 온 계몽적 시대정신의 도도한 영향력이 거기에 개입했을 것으로 추정해 왔다. 그러한 시대정신은 또 무엇일까? 이것의 실체를 파악하는 데에는 오늘날 대다수 사람들의 여가에 깊숙이 침투한 두 종류의 여행 양식, 즉 통속적 알피니즘alpinism과 패키지여행의 주요한 특징들을 살펴보는 것이 조금은 도움이 될 성싶다.

7장
||||||||

지나치는 두 시선
– 통속적 알피니즘과 패키지여행

오늘날 한국 전역의 명산들은 전국 각지에서 몰려드는 등반 인파와 산악회의 행렬들로 북적대기 시작한 지 오래다. 이것은 수천 미터 급 고산을 타깃으로 한 **서구적 등정 문화**, 즉 **알피니즘의 성공적인 토착화와 통속화**를 여실히 보여 주는 현상이다. 서구에서 기원한 알피니즘은 한국에 들어와 국토의 척추인 백두대간과 연접 정맥 종주, 천 미터 내외의 국내 명산 등반 등으로 성취의 기댓값을 낮춤으로써 한국의 지리적 조건에 무리 없이 적응했고, 그 덕에 지금은 대개 중노년 인구층의 건강관리 '레포츠'로 통속화해 수십 년째 꾸준한 대중적 인기를 누리는 상황이다.

한국에서 탐승探勝이 주목적이 아닌, 알피니즘 성격의 산악여행은 일제 강점기에 개시된 것으로 알려져 있는데, 이에 관해 국문학자 박찬모는 "1920년대 후반부터 대두된 알피니즘alpinism으로 인해 지리산은 '남선 알프스'라 호명되며 피켈pickel을 든 '勇士'들을 위한 정복의 戰場이 되었다"[184]고 보고한다. 일례로 1937년 지리산 천왕봉에 올랐던 양정고보 산악부의 최기덕은 '정복'의 순간에 찾아온 열락의 느낌을 다음과 같이 감격에 젖어 묘사한다.

> (…) 오전 열두시 정각! 저 천왕봉(주봉)을 완전히 정복하엿다. 그 순간 우리는 흘으는 땀도 억제할 수 업시 잇는 목소리를 다하야 "만세!"를

연하야 불럿다. (…) 해발 일천 구백 십오미돌米突! 그 얼마나 놉흔 산인가! 우리가 그 얼마나 두려워하든 산인가! 우리의 숙망宿望은 오늘 (이십 이일)로서 유감업시 성취되고 말앗다. (…) 우리는 마치 최후의 승리를 획득한 패왕霸王과 갓고, 첩첩이 엎데인 연맥들은 굴복을 디리는 것 갓다.[185]

같은 해에 장백산맥의 두로봉을 '정복'한 세브란스의전 산악부의 김동주는 출정 전야에 느꼈던 불타는 전의를 다음과 같이 비장한 어조로 피력한다.

맹장용사猛將勇士가 조국을 위하야 적지敵地로 향할 때의 감정은 산병자山兵子가 대산험난大山險難을 바라고 출발할 때의 그것과 흡사할지니 우리가 일종 투의鬪意에 가득차 등산복에 몸을 싸고 배낭을 등에 메며 픽켈을 손에 들어 등정할 때마다 고시古詩의 명장웅사名將雄士의 갑주용마甲冑龍馬에 일창일검一槍一劍으로 정벌征伐의 길에 올으는 광경을 방불彷彿히 하는 것이다.

우리는 힘을 다하고 맘을 기우려써 정복코자 하는 팔천 이백여 척의 장백산맥 두로봉을 완전히 등파登破하고 청년남아의 의기意氣를 길우고 오리이다.[186]

이런 문장들을 읽으며 우리는 험준한 산악을 정복과 순육의 대상으로 간주한 초창기 알피니즘의 전형적 산악 표상을 확인하게 된다. 나아가 우리는 극한의 모험에 목마른 청년들을 고무해 산으로 인도한 알피니즘 본연의 마초이즘적 광휘 또한 감지하게 된다. 이렇게 고전적인 알피니즘은 여태껏 범접을 불허하던 절고絶高의 무인경에 틈입해 **정복과 지배**의 족적을 찍고 오는 영웅적 클라이머의 표상을 다분히 내포한 것이었다.

이 점은 독일의 세계적인 알피니스트 한스 카멀란더Hans Kammerlander가 쓴 《그러나 정상이 끝은 아니다》란 책에서 극명히 드러난다. 거기서 카멀란더는 자신이 전 세계 알피니즘의 역사에 남긴 기록적인 발자취들을 긍지에 넘쳐 소개하고 있는데, 이러한 자화자찬 속에서 그는 수많은 전인미답의 고지들을 일생 동안 쉼 없이 공략해 탈신비화한 정복의 거인으로 자기를 드러낸다.[187]

하지만 그러한 정복의 발길 밑에서 운무와 빙설에 휩싸인 산악은 일체의 경이와 신비를 탈각한 일정 수치의 '고도'와 '거리'와 '난이도'로 환원될 뿐이며, 이 때문인지 그의 긍지는 시종일관 기계적인 수치들이 난무하는 냉정한 기술記述로만 표현되는 경향이 있다. 이를테면 그는 "오르틀러의 혼합 지대에서 출발하여 동알프스에서 가장 높고 험한 1,400미터의 북벽을 올라 정상을 밟은 뒤, 곧바로 자전거로 줄덴에서 휠렌슈타인탈까지 247킬로미터를 달리고, 거기서부터 해발 900미터의 트레치

메 암벽 입구까지 행군한 다음, 코미치 루트로 트레치메 북벽 등정까지 모두 24시간 안에 주파"[188]한 희세의 철인鐵人으로 자신이 기억되길 바랐던 것 같다. 이 외에도 그는 전 세계의 알피니스트들이 꿈에도 그리는 8,000미터대 고봉들을 단독으로 등반한 '8,000미터 레이서'로서의 이력을 자랑하는데, 매번의 도전에서 자신은 '(자연을) 정복할 것인가 (자연에) 굴복할 것인가'의 기로에 섰고, 그때마다 "기필코 성공하겠다는 절대적인 의지와 정상을 향한 욕망"[189]이 있었기에 극한의 고독과 탈진을 이겨 낼 수 있었다고 술회한다. 이 경우 그가 오른 산악들의 '고도'와 '거리'와 '난이도'는 정복자의 의지력을 시험하고 단련하는 원시적 정복지의 사나운 저항력에 불과했던 셈이다.

그렇다면 카멜란더는 수많은 세인의 믿음대로 야만의 자연에 파견된 계몽된 문명의 전령 같은 존재였을까? 여기서 우리는 독일의 철학자 막스 호르크하이머Max Horkheimer와 아도르노가 서구적인 '계몽' 정신의 문제점에 대해 내놓은 탁월한 통찰을 다시 꺼내 음미해 볼 필요가 있다. 그들에 따르면 서구에서 오랫동안 인간 진보의 엔진으로 선전된 "계몽의 프로그램은 세계의 '탈마법화'"였고, 그래서 "계몽은 '신화'를 해체하고 '지식'에 의해 상상력을 붕괴시키려 한다."[190] 왜냐하면 계몽의 이상이란 알고 보면 "미신을 정복한 오성이 '탈마법화된 자연' 위에 군림해야 한다"[191]는 것에 다름 아니기 때문이다. 이러한 권력 의지의 관철을 위해 계몽은 양적으로 수치화해 통제할 수 없는 자연의 질적인 면들을 한갓된 신화적·미신적 요소로 몰아서 제거해 버리며, 이로 인해 "質질을 상실한 자연은 양量에 의해 분할된 혼란스러운 단순한 '소재'로 격하되고 전능한 자아는 단순한 '가짐haben,' 즉 '추상적인 동일성'이 된다."[192] 이렇게 해서 마침내 계몽된 인간과 마주선 "물질은, 이것을 지배하는 어떤 힘이 있다거나 그 안에는 은폐된 자질이 있다는 환상 없이 지배되어야만 한다(…). 계산 가능성과 유용성의 척도에 들어맞지 않는 것은 계몽에게는 의심스러운 것으로 여겨진다."[193]

여기서 우리는 바로 이런 계몽의 시선이 앞서 말한 카멀란더의 긍지에도 투영되어 있음을 감지하게 된다. 왜냐하면 그 또한 산악의 질적인 고유성에 무감한 채 일정한 '고도'와 '거리'와 '난이도'로 환원된 산악에 정복과 지배의 족적을 찍는 데만 관심을 기울인 듯싶기 때문이다. 이것은 그를 비롯한 대다수 알피니스트의 시선이 본질상 '지나치는 시선'인 이유를 설명해 준다. 그들의 시야에 포착된 산악은 일정한 '고도'와 '거리'와 '난이도'로 계측되는 수량적 한정성과 '클라이밍climbing'이라는 '익스트림 스포츠extreme sports'의 소재가 될 수 있는 물질적 적합성만 인정되면 그것으로 끝이다. 산악은 야만과 미신의 징후로 간주된 신비의 아우라를 탈각한 마당에 구태여 그곳의 자연을 매개로 걷는 이의 정신적 활력을 고양하는, 그 어떤 경이의 보고로 자기를 드러낼 필요가 없다. 산악과 마주선 클라이머 역시 자연의 경이를 응시하고 음미할 시간적 여유를 가질수도 가질 일도 없다. 그(녀)에게 산악이란 가급적 신속히 발아래에 둬야 할 정복의 대상, 즉 아직 안 가 본 꼭대기에 불과하기 때문이다. 이처럼 알피니즘은 산악을 인간의 이목과 살갗에 개방된 경이의 처소가 아니라 반드시 정상에 올라 족적을 찍고야 말 정복과 순육의 대상으로 간주하는 경향이 있다. 요컨대 산악은 앞서 말한 **서구적 계몽 정신**, 즉 **자연을 물화**物化**해 지배하는 권력 의지의** 또 다른 표적 공간으로 현대의 '알피니즘 정신'에 깊이 각인된 것이다.

그런데 여기에는 또 하나의 새로운 국면이 추가된다. 한국에 불어온 등산 열풍이 그것이다. 오늘날의 **한국화된 알피니즘**은 서구의 고전적인 알피니즘과 다르게 수십 내지 수백 명 단위의 일괄 등정을 계획하는 수준으로 집단화되었고, 8,000미터대 고산은 엄두도 못 낼 평범한 사람들을 경향 각지의 평범한 산들로 데려가는 수준으로 통속화되었다. 그래서 이제는 병자만 아니면 누구든 알피니스트로 행세하며 산속을 떼 지어 누비게 되었고, 이에 따라 산악 자체의 미와 경이에 대한 여행자의 관심은 '신속 등정'이라는 인간 중심적 목표에 압도되어 점점 더 무력해지는 지경에 이르렀다. 단적인 예로 나는 서울의

한 산악회가 주선한 지리산 천왕봉 무박 2일 등정 여행 중 좁다란 완경사 길에서 굉연轟然한 계곡의 급류에 눈이 쏠려 걸음을 멈춘 순간 뒤에서 일제히 쏟아지던 지청구에 한동안 당혹하고 얼떨했던 적이 있다. 알고 보니 걸음을 멈춘 나는 '정복'을 생산하는 컨베이어 벨트의 작동을 사소한 해찰로 중단시킨 죗값을 그렇게 치른 것이었다. 똑같은 이유로 새벽하늘에 촘촘히 박힌 별이나 아침해에 비추인 산꽃을 보려고 걸음을 멈춘 '아줌마들' 또한 진군의 대오를 흩트리는 내부의 교란자로 간주되는 분위기였다.

이러한 속도전 양상의 단체 등반은 대체로 개인에게 산악의 경이를 관조할 무수한 기회들을 그대로 지나치며 온 심신의 노력을 '신속 등정'에 오롯이 바치라고 다그친다. 이 때문에 산에서는 수많은 산악회가 앞다투어 수목에 등반대 리본을 매달고, 땅바닥에 방향표를 깔아 두며, 호각과 무전기로 뒤처진 대원들을 불러 대는 부산함이 목격된다. 그들에게 산길은 당당한 보무步武로 밟고 갈 등정의 루트일 뿐이고, 정상의 표지석과 발아래의 산야는 등정을 증명할 '인증 샷'의 후경일 뿐이다. 그들 중 체력이 모자라 등정에 실패한 사람은 낙오자의 열패감을 느끼며 귀가하는 버스에서 분연히 설욕전을 계획한다.

그러나 이러한 속도전에 참여한 사람은 각지의 산악이 지닌 특유의 생태적 장소성과 역사적 시간성을 음미할 '정지된 순간들'을 가지기 어렵다. '등정'과 '답파'를 최고의 가치로 여기는 **통속적 알피니즘**의 에토스는 눈앞의 다양한 경이들을 응시하며 다양한 연상적 사고에 빠져드는 **'철학적 일탈'**을 '일정상' **불허**하기 때문이다. 이러한 상황에서 사지를 쥐어짜듯 정해진 루트를 정해진 시간 내에 답파해야 하는 여행자는 일하듯 달리느라 세상에도 자아에도 한눈팔 겨를이 없는 것이다.

그렇다면 이 시대의 또 다른 대중적 여행 양식인 **패키지여행**은 어떨까? 패키지여행에서는 돈만 내면 어디든 갈 수 있게 이동과 관광과 숙식이 채비된다. 그것은 값싸고 편한 만큼 우리의 외감과 내성에도 자유로운 활동 폭을 열어주는 여행일까? 오늘날 광범한 대중이 선호하는 패키지여행의 가장 뚜렷한 특징은 여행객으로 하여금 여행사가 계획한 여정을 여행사가 제공한 정보와 '가이드'에 의존해 일정표에 명시된 대로 이행하게 한다는 점이다. 그러는 과정에서 예정에 없던 관광 외적 가치의 추구는 대부분 금지되며, 여행지의 자연적·역사적 고유성에 대한 여행객의 왕성한 호기심은 위험스런 개인행동 유발소誘發素로 간주되어 은근한 견제를 당한다. 그래서 예컨대 해외의 유명 관광지로 패키지여행을 간 사람은 어떤 예측 불가능한 계기로 현지의 진기한 비경이나 풍속과 조우하는 흥미진진한 체험을 꿈꿔 본들 헛일이 되기 십상이다. 왜냐하면 그(녀)는 예정豫程상의 명소들을 예정대로 일별하고, 예정상의 숙소에서 예정대로 잠을 자고, 예정상의 식당에서 예정대로 밥을 먹는 따위의 단체행동 패턴에 출발 전 이미 동의한 상태이기 때문이다. 그(녀)가 자유롭게 할 수 있는 일이란 그저 마사지를 발에만 받을지 전신에 받을지 선택한다든지 호텔 체크인 후 근처의 고만고만한 상점들과 술집들을 기웃거리며 돈푼이나 쓰는 정도가 고작이다.

미국의 사회학자 조지 리처George Ritzer는 이처럼 효율성 규범의 권외인 줄 알았던 여행마저 빈틈없이 효율화되는 경향을 '여행의 맥도날드화'라 부르며 이 경향의 핵심에 있는 "패키지여행은 외국여행에 흥미를 불어넣는 예기치 않은 사건들, 즉 매력적인 원주민과의 만남, 마음에 드는 자그마한 상점이나 음식점의 발견, 또는 예기치 못한 구경거리와 마주칠 기회를 빼앗아버린다"[194]고 지적한다. 간단히 말해 패키지여행은 여행객의 정신에 활력을 불어넣는 경이의 요소를 전체의 여정에서 소거해 버린다는 것이다. 그도 그럴 것이 여행사는 여행객의 생각과 행동을 가급적 수동화하고 자신의 영업적 개입을 가급적 늘려야 더 많은 이윤을 남기는 법이다. 이러한 생리상 여행사는 여행객의 감성과 지성을 자양하는 '생각의 산파'이길 포기하고, 그 대신 자신이 정한 관광의 주 루트와 포인트를 자신이 정한 방법과 절차에 따라 스쳐보도록 여행객을 채근하는, '강행군' 스타일의 영업 전략을 추구하기 마련이다.

이러한 이유로 패키지여행은 대부분 시간에 쫓기기 일쑤고, 그래서 여행지의 자연적·문화적 경이를 찬찬히 바라보며 음미하는 여행객의 진정성도 고취하기 어려운 게 사실이다. 오히려 그것은 빼어난 풍광을 사진으로 박제해 제 것으로 만들려는 강박적 욕망만을 부추길 뿐이다. 말하자면 여행객은 빼어난 풍광에 동화될 시간이 없는 탓에 어차피 못 바라볼 바에는 카메라에 담아서 가지기라도 하려고 애쓰는 것이다. 그리하여 그 (녀)는 눈으로는 지나치고 렌즈로는 수집한다. 온종일 '풍경'이 아닌 '렌즈'를 보고, '아름다운 풍경'이 아닌 '고해상도 피사체'를 찬탄한다. 이에 관해 드 보통은 "사람들은 적극적이고 의식적으로 보기 위한 보조 장치로 사진을 활용하는 것이 아니라, 보는 것을 대체하는 물건으로 사용"하게 되었고 "그 결과 전보다 세상에 주의를 덜 기울이게 되었다"[195]고 진단한다. 그러나 이와 같은 여행객의 일반적인 촬영 강박은 따지고 보면 패키지여행의 **생기 없는 분주함**이 여행객의 타율감과 무력감을 돋울 뿐인 현 상황에서 필연적으로 발생하는 현상이 아닐까?

그렇다면 통속화된 알피니즘과 패키지여행에 여가를, 나아가 인생을 즐겁게 할 권한을 내맡긴 사람은 사실상 제대로 걷고 있지 않은 셈이다. 물론 우리는 등산과 투어를 얼마든지 좋아하고 즐길 수 있다. 그러나 **맹목적인 속도전 양상의 과밀 등정**이 아니라 혼자서 혹은 친한 벗과 함께 하는 차분한 산행,

'**바라봄**'이 있는 산행, 우악하지 않고 난폭하지 않은 등반만이 우리의 인생에 진정한 즐거움을 가져다줄 것이다. 마찬가지로 가이드만 따라다니며 세상을 스쳐보는 **활력 없는 강행군**이 아니라 세상 곳곳의 경이를 제 발로 찾아다니는 여행, 그리하여 마침내 찾아낸 보물들을 하나하나 눈에 담고 마음에 새기는 **성찰적 보행**만이 우리의 인생에 진정한 즐거움을 가져다줄 것이다.

이와 같은 방식의 등산과 투어는 여행자와 여행지를 이간하는, '신속 등정'이니 '몇 개국 일주'니 하는 유사 스포츠적 목표의 개입을 최소화함으로써 여행지가 여행자의 감성과 지성에 미치는 직접적 호영향을 최대화한다. 그것은 굳이 빠른 '등정'이나 '일주'를 추구하지 않으며, 오히려 유유히 걷는 데 시간을 '낭비'한다. 천천히 길을 걸을 용의와 길 주변의 세상을 향해 활짝 열린 마음만 있다면 누구라도 그것을 즐길 수 있다. 그렇게 걷다 온 사람은 험한 산과 싸워 이긴 혹은 그 어떤 파죽破竹의 강행군을 완수한 '개선장군'일 필요가 전혀 없다. 오히려 그(녀)는 길에서 바라본 다양한 경이들로 감성과 지성을 자양한 '**애지인**愛知人: philosopher'이 되어 있을 것이고, 이것만으로도 충분한 보람과 만족을 얻었을 것이다. 이제부터라도 우리는 그러한 성찰의 걸음을 저 넓은 세상을 향해 떼어 봐야 하지 않겠는가?

8장

바라보는 사람은
천천히 걷는다

이제 우리는 제대로 걸으려고 신발끈을 동여맸다 하자. 우리는 어디에 가서 어떻게 걸으며 무엇을 보고 듣고 무엇을 알게 될까? 연극 평론가 안치운은 그의 책 《그리움으로 걷는 옛길》의 한 대목에서 지리산의 마을과 숲속을 오래도록 거닐며 내성과 외감을 애만져 깨우던 과거 한때의 여행길을 추억하는데, 여기서 그는 "천은사에서 성삼재를 오르든, 화엄사에서 노고단을 오르든, 문수리에서 (…) 질매재를 오르든, 연곡사에서 (…) 삼도봉에 오르든, (…) 칠불암에서 토끼봉을 오르든, 쌍계사에서 삼신봉을 오르든, 내가 기억하는 것은 높은 산을 올랐다는 만족이 아니라 숨과 같은 정지의 순간들"이라고, 그렇게 "산은 발길, 숨길을 멈추게"[196] 하더라고 술회한다. 그리고 이러한 정지의 순간에 그의 이목을 잡아끈 것은 마을과 시내에, 숲길과 능선에, 계곡과 바위에 겹겹이 농축된 **시간의 지층들**이었다고 말한다. 말하자면 그는 세 치 혀가 아니라 온 존재로 말을 거는 지리산과 소리 없는 대화를 나누던 중 어느덧 산의 키가 아니라 삶을, 즉 "높이가 아니라 시간을 경험하게"[197] 되었다는 것이다.

여기서 특기할 점은 산이 그에게는 **물리적인 고도 체험**의 대상이 아니라 **역사적인 생애 서사**의 주체로 기억되고 있다는 것이다. 그의 간명한 산행 철학에 의하면 "산에 가는 이에게 문제는 고도가 아니라 산을 대하는 삶의 태도이다."[198] 이에 따라 그에게 산은 신속히 올라갔다 내려오는 범접의 발길로 인간 권력의 무소불위를 과시할 또 하나의 대상이 아니라 인간의 내성과 외감을 상대로 평등한 소통을 나누는 독자적 생명의 주체로 인식된 것이다. 그리하여 산은 이제 정복의 대상이 아니라 교감의 상대로서 그에게 말을 건다. 그 또한 산 자체의 시공간과 그 안의 자기를 명징한 눈으로 살필 뿐 '추월'이나 '일착' 같은 경쟁주의 규율에는 속박되지 않으며, 산이 품은 뭇 생명을 '야호' 하는 고함으로 겁주지도 않는다. 오늘날 전국의 명산에 산포된 산악회의 행렬에서 사람들이 흔히 겪는 추월 스트레스는 차도 위의 경쟁적인 질주 행태가, 나아가 공장과 사무실의 노동 효율화 기제가 산길에 그대로 재현되어 발생한 결과이며, 정복의 기쁨을 표현하는 '야호' 하는 고함은 "산에 대한 사랑이 아니라 자신에 대한 사랑과 애를 쓰고 올라온 행위를 단박에 보상받으려는 천박한 입증"[199]에 지나지 않는다.

그렇다면 여행자는 걸어가는 길 위에서 조금도 서두를 것 없이 **다가오는 경이와의 활력적인 대면**에만 전심하면 될 일이다. 그리고 이러한 대면에 긴요한 건 **가만히 응시하는 정지의 순간들**이다. 여행자는 멈춰야 보게 되며, 안 멈추면 못 보고 지나치기 마련이다. 이 때문에 안치운은 "산에서는 느린 걸음에 경적을 울릴 필요도, 누구를 앞질러 갈 필요도 없다"고, "오히려 천천히 걸을 때 더 많은 것을 보게 된다"[200]고 말한다. 요컨대 산에서는 정지한 순간이 많을수록 많은 것을 보게 되며, 본 것이 많을수록 여행자의 내성과 외감도 깊고 넓어진다는 것이다. 이렇듯 완만한 걸음은 눈앞의 경이를 찬찬히 살피며 그것의 고유한 아우라에 주의를 기울일 심신의 여유를 확보해 주므로 완보하는 여행자는 그러한 경이를 '고해상도 피사체'로 박제해 모으려는 자폐적 조급증에 빠지는 대신 '아름다운 풍경'이 맨눈에 풍기는 생생한 미감을 천천히, 오롯이 맛보며 유장한 교감과 성찰의 시간들을 향유하게 된다.

하지만 이러한 보행은 굳이 큰돈과 긴 시간을 들여서 면밀한 계획 아래 진행하는 특별한 이벤트일 필요가 없고, 또 이윤의 극대화에 골몰하는 관광 산업의 합리화된 상술에 포획될 필요도 없다. 걷는 일의 보람과 의의를 결정하는 주요인은 '어디를' 걷느냐가 아니라 '어떻게' 걷느냐이므로 우리는 그저 우리가 선택한 길들과 찰지게 사귀며 이것을 거름 삼아 '옥수수 자라듯' 자라면 될 일이다. 몇 날 며칠이 아니어도 좋다. 당일치기면 어떻고 한두 나절, 한두 시간이면 어떤가? 그 시간이 우리를 쫓지 않고 벗하게만 하면 우리는 부러운 남 얘기만 같았던 **교감과 성찰의 여정**을 얼마든지 우리 것으로 만들 수 있다. 그러면 그것은 두고두고 기념할 단발의 이벤트가 아니라 언제라도 우리 발로 새로이 재현할 수 있는 일상의 쉼표로 우리의 삶 안에 튼실히 자리 잡을 것이다.

그러한 당일 여행의 한 예로 나는 몇 년 전 봄 전북 남원에 소재한 지리산 둘레길 3개 구간, 즉 주천-운봉, 운봉-인월, 인월-금계 구간을 주말마다 한 개씩 3주 연속으로 걸으며 사람의 마을을 품은 지리산의 낮은 곳에 유유히 빠져든 적이 있었다. 그 길은 듣던 대로 걷는 이의 감성과 지성을 시나브로 흔들어 깨우는 자연적·문화적 경이를 풍부히 내장한 곳이어서 나는 천천히 산밑을 에두르는 내성과 외감의 유행遊行에서 지리산의 다양한 표정을 살피던 중 문득문득 인생의 시간을 값지게 만드는 데 나의 온 하루가 진중히, 기꺼이 '낭비'되고 있다는 깨달음에 놀라곤 했었다. 그렇게 나는 벚꽃잎 흩날리는 마을길을 걸었고, 맑은 물 흐르는 시내와 계곡을 건넜다. 볕바른 논둑길을 걸었고, 아름드리 당산목을 보았다. 농부의 주름 같은 다랑논을 만났고, 세월의 중매로 가약한 연리지連理枝 노송을 보았다. 초목의 평온에 심란함이 걷혔고, 연봉의 웅자에 기개가 새로워졌다. 원두막의 그늘들은 땀범벅인 몸뚱이를 채가듯 불러들였고, 주점의 전煎 냄새는 속절없이 허기진 발걸음을 멈추게 했다. 여기에 숨어 우는 산새와 종종대는 다람쥐, 놀라 빼는 뱀과 짝짓는 개구리를 조우하는 날것의 야생 체험이 가세해 나의 오감은 걸을수록 긴장과 활기를 더해 갔다. 그러던 중 나는 어느덧 그러한 지리산의 다양한 표정과 결부된 인간사의 파노라마를 이런저런 생태적·문화적 서사로 갈무리하는 상상에 빠졌고 이것을 나 자신의 지난날에 포개어 반추하고 있었다.

그러나 지리산이 아니면 어떻고 온종일이 아니면 어떤가? 지리산이나 설악산 같은 명산만 산인 것도 아니고, 산에만 길이 있는 것도 아니다. 우리의 일상적인 행동반경 내에는 걸어서, 아니면 버스나 전철로 찾아갈 수 있는 소박한 산야나 수변공원, 근린공원 등이 한두 군데쯤 있기 마련이다. 그런 데를 매일매일 한두 시간만 소요해도 우리는 그곳만의 장소적인 매력과 아우라를 조만간 알아보고 그곳과 비밀을 나누는 사이가 될 수 있다.

예컨대 나는 순천대 인근의 여러 산(난봉산, 비봉산, 봉화산, 삼산 등) 밑자락을 짬 내어 걷던 중 철철이 피고 지는 산꽃은 물론 고라니 같은 사슴과(科) 동물을 조우하는 행운도 종종 누렸다. 길들이 한적한 덕인지 한번은 삼산에서 인기척에 둔감했던 고라니와 불과 3미터 거리에서 맞닥뜨린 적이 있었다. 달아날 때를 놓쳐 당황한 그놈과 안 달아난 동물을 처음 본 나 사이에는 일촉즉발의 긴장이 흘렀다. 네 발을 뻗딛은 채 얼어 있던 그놈에게 가만히 이리 오라 해 봤지만 올 턱이 없잖은가? 그놈을 찍겠다고 꼼질꼼질 카메라를 꺼냈다면 그놈은 이때다 하고 달아나 버렸을 것이다. 그렇게 '우리 둘'은 한쪽은 말 건네며, 다른 쪽은 되새김질하며 10여 분간 입만 조심히 놀렸고, 그 덕에 그놈은 마음이 놓였는지 슬금슬금 딴청을 하다가 이윽고 천천히 발을 놀려 자리를 옮겼다. 누구에게 말해도 안 믿을 것 같은 이 일은 방금 전까지만 해도 산과 나, 이 둘만의 비밀이었지만 이제는 아닌 것 같다.

그러나 앞서 말한 통속적 알피니즘과 패키지여행의 집단적인 강행군 중에는 그러한 종류의 예측 불가능한 야생 체험이 좀처럼 일어나지 않는다. 지리산을 가도 그렇고, 설악산을 가도 그렇다. 삼산은 그런 명산도 아니다. 순천에서 삼산은 선암사와 송광사가 있는 조계산의 1/100만큼도 세상에 안 알려진 나지막한 '동네 산'에 불과하다. 그럼에도 그곳은 살아 있는 자연과 추념할 경이가 있는 한 나에겐 특유의 장소적 매력을 풍기는 독보적인 산책지로 오래오래 기억될 것이다. 나는 그곳에서 만나 사귄 볕 바른 둔덕과 서늘한 바람골을, 간지러운 풀밭과 향긋한 솔숲을, 춘하春夏의 난만함과 추동秋冬의 서걱임을, 만지고픈 애나무와 기대고픈 큰 나무를 이미 많이 좋아하기 때문이다. 그곳은 위로이자 격려이다. 볕으로, 바람으로, 솔향기로, 초목으로, 꽃무리로, 낙화로, 신록으로 달래고 북돋는다. 그래서 돌아오는 걸음엔 다짐이 실린다. 그것은 '힘들어도 참자'는 다짐이 아니라 '내 삶을 세우고 지키자'는 다짐이다.

이처럼 나에게 산책은 돌아와 무릎 꿇을 힘을 얻는 재충전이 아니라 똑바로 설 의지를 다지는 자강自强의 걸음이다. 이

걸음이 언제나 성공을 거두지는 못한다. 당연히 실패도 많다. 그럼에도 그러한 걸음을 부르는 각자의 숲들이, 각자의 길들이 있다면 좋겠다. 그러한 숲들을, 길들을 가까이 두고 임의로 이 걸으며 성찰하는 하루하루, 이것이 천왕봉이나 대청봉을 '정복'한 것보다 더 자랑인 생활문화를 우리는 열어 갈 수 있을까? 아마도 어려울 것이다. 하지만 분명한 것은 그것이 인류의 '지속 가능성'을 담보할 문화적 혁신의 필수적인 일부라는 사실이다.

미국의 문명 비평가 루이스 멈퍼드Lewis Mumford는 '우리의 정원을 가꾸자'는 함축적인 제안으로 그러한 혁신의 작지만 위대한 시작을 격려한다. 소량의 효모가 커다란 발효 빵을 만들 듯 개개인의 정원도 옆집에, 온 마을에, 전국에, 인접국에 전파되면 끝내는 죽어 가던 지구가 푸르러질 것이란 믿음으로 우리는 '지금' 우리가 발 딛고 선 '여기'를 변화의 중심으로 만드는 일부터 시작해야 한다는 것이다.[201] 그렇다면 방금 말한 것처럼 각자의 숲들과 길들을 찾아서 이들과 친교하는 우리의 걸음은 질주하는 산업, 즉 맹목적인 이윤 동기가 금속과 매연으로 가득 채운 지구에 맑은 숨을 불어넣는 희망의 소생술에 비유될 수 있을 것이다. 여기서 우리는 자문해야 한다. 우리는 지금 우리의 정원을 가꿀 준비가 되어 있는가?

참고문헌

가스통 바슐라르, 곽광수 옮김,《공간의 시학》, 동문선, 2003.

가스통 바슐라르, 정영란 옮김,《대지 그리고 휴식의 몽상》, 문학동네, 2002.

나가오 가즈히로, 이선정 옮김,《병의 90%는 걷기만 해도 낫는다》, 북라이프, 2016.

《노자》

다비드 르 브르통, 김화영 옮김,《걷기 예찬》, 현대문학, 2002.

다비드 르 브르통, 문신원 옮김,《느리게 걷는 즐거움》, 북라이프, 2014.

도승연,「자기를 형성하는 삶의 기술로서의 여가, 그 철학적 함축에 대하여」,《철학논총》71, 새한철학회, 2013, 29~45.

로버트 루이스 스티븐슨,「두 발의 철학」, 헨리 데이비드 소로 외, 윤희기·KU-STP 옮김,《소로에서 랭보까지, 길 위의 문장들: 대문호 12인의 걷기 예찬》, 예문, 2013, 283~301.

로제 폴 드루아, 백선희 옮김,《걷기, 철학자의 생각법》, 책세상, 2017.

루이스 멈퍼드, 박홍규 옮김,《유토피아 이야기》, 텍스트, 2010.

린위탕, 박병진 옮김,《생활의 발견》, 육문사, 2007.

마그나 히스토리아 연구회,《빅뱅에서 인간까지》, 청아출판사, 2017.

막스 피카르트, 최승자 옮김,《침묵의 세계》, 까치, 2001.

막스 호르크하이머·테오도르 아도르노, 김유동 옮김,《계몽의 변증법: 철학적 단상》, 문학과지성사, 2001.

미셸 옹프레, 강현주 옮김,《철학자의 여행법》, 세상의모든길들, 2013.

미셸 포쉐, 조재룡 옮김,《행복의 역사》, 이숲, 2020.

박찬모,「탐험과 정복의 '전장(戰場)'으로서의 원시림, 지리산 — 1930년대 학생기행문을 중심으로」,《한국문학이론과 비평》51, 한국문학이론과비평학회, 2011, 171~196.

박찬모,「조선산악회와 지리산 투어리즘」,《남도문화연구》23, 순천대학교 남도문화연구소, 2012, 133~163.

샤를 와그너, 문신원 옮김,《단순한 삶》, 판미동, 2016.

아널드 홀테인, 서영찬 옮김, 《어느 인문학자의 걷기 예찬》, 프로젝트 A, 2016.

안치운, 《그리움으로 걷는 옛길》, 열림원, 2003.

알랭 드 보통, 정영목 옮김, 《여행의 기술》, 청미래, 2011.

에리히 프롬, 차경아 옮김, 《소유냐 존재냐》, 까치, 2020.

엔도 히데키, 김소운 옮김, 《인체, 진화의 실패작》, 여문책, 2018.

오토 프리드리히 볼노, 이기숙 옮김, 《인간과 공간》, 에코리브르, 2011.

우석영, 《낱말의 우주》, 궁리, 2011.

우석영, 《철학이 있는 도시》, 궁리, 2016.

우석영, 《숲의 즐거움》, 에이도스, 2020.

울리히 브란트·마르쿠스 비센, 이신철 옮김, 《제국적 생활양식을 넘어서》, 에코리
브르, 2020.

울리히 슈나벨, 김희상 옮김, 《행복의 중심, 휴식》, 걷는나무, 2011.

위르겐 카우베, 안인희 옮김, 《모든 시작의 역사》, 김영사, 2019.

이진홍, 《여행 이야기》, 살림, 2004.

자오광차오, 한동수·이정아·차주환 옮김, 《나무로 집 지은 이야기만은 아니랍니
다》, 미진사, 2020.

자코모 달리사 외 엮음, 강이현 옮김, 《탈성장 개념어 사전》, 그물코, 2018.

장 루이 시아니, 양영란 옮김, 《휴가지에서 읽는 철학책: 떠남과 休, 그리고 나의
시간》, 쌤앤파커스, 2017.

조지 리처, 김종덕 옮김, 《맥도날드 그리고 맥도날드화: 유토피아인가, 디스토피아
인가?》, 시유시, 1999.

조지 산타야나, 「여행철학」, 이경식 옮김, 《理性의 誕生》, 대한기독교서회,
1974, 15~29.

존 버로스, 「길가의 환희」, 헨리 데이비드 소로 외, 윤희기·KU-STP 옮김, 《소로
에서 랭보까지, 길 위의 문장들: 대문호 12인의 걷기 예찬》, 예문, 2013,
241~271.

최인훈, 《바다의 편지》, 삼인, 2012.

크리스토프 라무르, 고아침 옮김, 《걷기의 철학》, 개마고원, 2007.

클라이브 폰팅, 이진아·김정민 옮김, 《클라이브 폰팅의 녹색 세계사》, 민음사,
2019.

테오도르 아도르노, 김유동 옮김, 《미니마 모랄리아: 상처받은 삶에서 나온 성찰》, 도서출판 길, 2005.

토마스 베리, 박 만 옮김, 《황혼의 사색》, 한국기독교연구소, 2015.

토마스 기르스트, 이덕임 옮김, 《세상의 모든 시간》, 을유문화사, 2020.

폴 서루, 이용현 옮김, 《여행자의 책》, 책읽는수요일, 2015.

프레데리크 그로, 이재형 옮김, 《걷기, 두 발로 사유하는 철학》, 책세상, 2014.

프리드리히 니체, 안성찬·홍사현 옮김, 《즐거운 학문·메시나에서의 전원시·유고 (1881년 봄~1882년 여름)》, 책세상, 2005.

플로렌스 윌리엄스, 문희경 옮김, 《자연이 마음을 살린다》, 더 퀘스트, 2018.

피에르 쌍소, 강주헌 옮김, 《느리게 사는 것의 의미》, 공명, 2014.

한스 카멀란더, 박규호 옮김, 《그러나 정상이 끝은 아니다》, 랜덤하우스중앙, 2004.

허균, 김원우 엮음, 《숨어 사는 즐거움》, 솔, 1996.

헨리 데이비드 소로, 양병석 옮김, 《월든》, 범우사, 1995.

Antonia Malchik, 《A Walking Life》, Kindle, 2019.

Charles Darwin, 《The Descent of Man》, Penguin Books, 2004.

Clare Gogerty, 《Beyond the Footpath》, Kindle, 2019.

Daniel Liberman, 《The Story of the Human Body》, Allen Lane, 2013.

Duncan Minshull(ed.), 《Beneath My Feet-Writers on Walking》, Notting Hill Editions, 2018.

Erling Kagge, 《Walking: One Step at a Time》, Kindle, 2019.

Hannah Arendt, 《The Human Condition》, University of Chicago Press, 1998.

Hannah Arendt, 《The Life of the Mind》, Harcout, 1978.

Henry David Thoreau, 《Walking》, Kindle, 2017.

Jean-Jacques Rousseau, 《The Confessions》, Penguin Books, 1953.

John Francis, 《Planetwalker》, Kindle, 2005.

Joseph Amato, 《On Foot: A History of Walking》, Kindle, 2004.

Mihaly Csikszentmihalyi, 《Flow: The Psychology of Optimal Experience》, Kindle, 2008.

Robert Macfarlane, 《The Old Ways》, Kindle, 2012.

Theo Compernolle, 《Brain Chains》, Compublications, 2014.

Weigang Pan et al., "The neural basis of trait self-esteem revealed by the amplitude of low-frequency fluctuations and resting state functional connectivity," 《Social Cognitive and Affective Neuroscience》, Vol. 11-3, 2016, 367~376.

1 한국에서도 국제 걷기대회가 매년 원주에서 개최된다. 2019년에 25회 대회를 치른 역사 있는 대회이다. 약 3만여 명이 참가한다.

2 Robert Macfarlane, 《The Old Ways》, Kindle, 2012, Loc. 24.

3 Robert Macfarlane, ibid., Loc. 25.

4 Duncan Minshull(ed.), 《Beneath My Feet-Writers on Walking》, Notting Hill Editions, 2018, 3.

5 클라이브 폰팅, 이진아·김정민 옮김, 《클라이브 폰팅의 녹색 세계사》, 민음사, 2019, 480~481.

6 Antonia Malchik, 《A Walking Life》, Kindle, 2019, Loc. 68.

7 에리히 프롬, 차경아 옮김, 《소유냐 존재냐》, 까치, 2020.

8 에리히 프롬, 앞의 책, 116.

9 오토 프리드리히 볼노, 이기숙 옮김, 《인간과 공간》, 에코리브르, 2011, 136.

10 울리히 브란트·마르쿠스 비센, 이신철 옮김, 《제국적 생활양식을 넘어서》, 에코리브로, 2020, 179~180에서 재인용.

11 로제 폴 드루아, 백선희 옮김, 《걷기, 철학자의 생각법》, 책세상, 2017, 208.

12 프레데리크 그로, 이재형 옮김, 《걷기, 두 발로 사유하는 철학》, 책세상, 2014, 141.

13 Duncan Minshull(ed.), ibid., 115.

14 미셸 옹프레, 강현주 옮김, 《철학자의 여행법》, 세상의모든길들, 2013, 97~98.

15 최인훈, 《바다의 편지》, 삼인, 2012, 31.

16 오토 프리드리히 볼노, 앞의 책, 126~127.

17 로제 폴 드루아, 앞의 책, 205.

18 Robert Macfarlane, ibid., Loc. 22.

19 안치운, 《그리움으로 걷는 옛길》, 열림원, 2003, 176~177.

20 우석영, 《철학이 있는 도시》, 궁리, 2016, 242~243.

21 Robert Macfarlane, ibid., Loc. 16.

22 막스 호르크하이머·테오도르 아도르노, 김유동 옮김, 《계몽의 변증법: 철학적 단상》, 문학과지성사, 2001, 330.

23 반 데어 레우(Geradus van der Leeuw)의 표현이다. 오토 프리드리히 볼노, 앞의 책, 184에서 재인용.

24 오토 프리드리히 볼노, 앞의 책, 169.

25 가스통 바슐라르, 곽광수 옮김, 《공간의 시학》, 동문선, 2003, 131.

26 가스통 바슐라르, 앞의 책, 131~132.

27 가스통 바슐라르, 앞의 책, 133.

28 가스통 바슐라르, 앞의 책, 114. 원문에는 "'거주하다'의 본질의 강렬함"이라고 쓰여 있다.

29 가스통 바슐라르, 정영란 옮김, 《대지 그리고 휴식의 몽상》, 문학동네, 2002, 75.

30 《노자》, 22장.

31 자오광차오, 한동수·이정아·차주환 옮김, 《나무로 집 지은 이야기만은 아니랍니다》, 미진사, 2020, 334. 앞의 인용문은 어느 역사학자의 이야기이고, 뒤의 인용문은 자오광차오의 이야기이다.

32 원문의 출처는 《소문공충집》이다. 허균, 김원우 엮음, 《숨어 사는 즐거움》, 솔, 1996, 103에서 재인용.

33 피에르 쌍소, 강주헌 옮김, 《느리게 산다는 것의 의미》, 공명, 2014, 10.

34 Erling Kagge, 《Walking: One Step at a Time》, Kindle, 2019, Loc. 16.

35 마르셀 프루스트의 소설에 나오는 구절. 여기서는 토마스 기르스트, 이덕임 옮김, 《세상의 모든 시간》, 을유문화사, 2020, 163에서 재인용.

36 Erling Kagge, ibid., Loc. 46.

37 막스 피카르트, 최승자 옮김, 《침묵의 세계》, 까치, 2001, 78.

38 로제 폴 드루아, 앞의 책, 202.

39 울리히 슈나벨, 김희상 옮김, 《행복의 중심 휴식》, 걷는나무, 2011, 67~68.

40 Antonia Malchik, ibid., Loc. 179.

41 토마스 기르스트, 앞의 책, 7.

42 나가오 가즈히로, 이선정 옮김, 《병의 90%는 걷기만 해도 낫는다》, 북라이프, 2016, 99.

43 인용문은 울리히 슈나벨의 글이다. 울리히 슈나벨, 앞의 책, 45.

44 《백과전서》걷기 항목에 관해서는 로제 폴 드루아, 앞의 책, 140~141을 참고.

45 다비드 르 브르통, 김화영 옮김,《걷기 예찬》, 현대문학, 2002, 250~251.

46 샤를 와그너, 문신원 옮김,《단순한 삶》, 판미동, 2016, 31.

47 샤를 와그너, 앞의 책, 45.

48 프레데리크 그로, 앞의 책, 15.

49 나가오 가즈히로, 앞의 책, 58.

50 Robert Macfarlane, ibid., Loc. 19.

51 Robert Macfarlane, ibid., Loc. 25.

52 나가오 가즈히로, 앞의 책, 68.

53 오토 프리드리히 볼노, 앞의 책, 154에서 재인용.

54 프레데리크 그로, 앞의 책, 139.

55 Clare Gogerty,《Beyond the Footpath》, Kindle, 2019, Loc. 152.

56 우석영,《낱말의 우주》, 궁리, 2011, 564.

57 프레데리크 그로, 앞의 책, 86.

58 아널드 홀테인, 서영찬 옮김,《어느 인문학자의 걷기예찬》, 프로젝트 A, 2016, 19에서 재인용.

59 소연함에 관해 더 자세히 알아보려면 우석영,《숲의 즐거움》, 에이도스, 2020, 148~150을 참고.

60 안치운, 앞의 책, 88~89.

61 Duncan Minshull(ed.), ibid., 75.

62 미셸 포쉐, 조재룡 옮김,《행복의 역사》, 이숲, 2020, 192.

63 프레데리크 그로, 앞의 책, 87.

64 프레데리크 그로, 앞의 책, 89.

65 토마스 베리, 박 만 옮김,《황혼의 사색》, 한국기독교연구소, 2015, 40.

66 토마스 베리, 앞의 책, 34.

67 Antonia Malchik, ibid., Loc. 23.

68 Hannah Arendt,《The Human Condition》, University of Chicago Press, 1998, 176.

69 Antonia Malchik, ibid., Loc. 20.

70 다비드 르 브르통, 앞의 책, 256.

71 다비드 르 브르통, 문신원 옮김, 《느리게 걷는 즐거움》, 북라이프, 2014, 63.

72 Erling Kagge, ibid., Loc. 8.

73 Erling Kagge, ibid., Loc. 58.

74 《The Confessions》에 나온다. 여기서는 로제 폴 드루아, 앞의 책, 143에서 재인용.

75 Antonia Malchik, ibid., Loc. 135.

76 Duncan Minshull(ed.), ibid., 4.

77 Weigang Pan et al., "The neural basis of trait self-esteem revealed by the amplitude of low-frequency fluctuations and resting state functional connectivity," 《Social Cognitive and Affective Neuroscience》, Vol. 11-3, 2016, 367~376.

78 울리히 슈나벨, 앞의 책, 118~121.

79 에리히 프롬, 앞의 책, 59.

80 에리히 프롬, 앞의 책, 244.

81 Erling Kagge, ibid., Loc. 15.

82 Mihaly Csikszentmihalyi, 《Flow: The Psychology of Optimal Experience》, Kindle, 2008, Loc. 40.

83 Mihaly Csikszentmihalyi, ibid., Loc. 41.

84 《노자》 33장에 나오는 自知者明의 自知者, 自勝者强의 自勝者를 말한다.

85 Joseph Amato, 《On Foot: A History of Walking》, Kindle, 2004, Loc. 162에서 재인용.

86 자코모 달리사 외 엮음, 강이현 옮김, 《탈성장 개념어 사전》, 그물코, 2018, 58.

87 오토 프리드리히 볼노, 앞의 책, 148.

88 다비드 르 브르통, 《걷기 예찬》, 33.

89 Henry David Thoreau, 《Walking》. Kindle, 2017, Loc. 383.

90 Duncan Minshull(ed.), ibid., 8.

91 다비드 르 브르통, 앞의 책, 251.

92 다비드 르 브르통, 앞의 책, 252.

93 프레데리크 그로, 앞의 책, 17.

94 로제 폴 드루아, 앞의 책, 204.

95 미셸 옹프레, 앞의 책, 54.

96 토마스 베리, 앞의 책, 135.

97 에리히 프롬, 앞의 책, 133~134.

98 에리히 프롬, 앞의 책, 38.

99 에리히 프롬, 앞의 책, 130.

100 이에 관해서는 로제 폴 드루아, 앞의 책, 49~50을 참조.

101 나가오 가즈히로, 앞의 책, 185.

102 마그나 히스토리아 연구회, 《빅뱅에서 인간까지》, 청아출판사, 2017, 353~354을 참조.

103 Robert Macfarlane, 앞의 책, Loc. 29.

104 우석영, 앞의 책, 94~96.

105 로제 폴 드루아, 앞의 책, 106~110.

106 Jean-Jacques Rousseau, 《The Confessions》, Penguin Books, 1953, 382.

107 Hannah Arendt, 《The Life of the Mind》, Harcout, 1978, 199.

108 Hannah Arendt, ibid.

109 Hannah Arendt, ibid.

110 Hannah Arendt, ibid.

111 플로렌스 윌리엄스, 문희경 옮김, 《자연이 마음을 살린다》, 더 퀘스트, 2018, 263~264. 참고로 이 연구를 발표한 이들은 매릴리 오페조(Marily Oppezzo)와 다니엘 슈워츠(Daniel Schwartz)다.

112 Theo Compernolle, 《Brain Chains》, Compublications, 2014.

113 Erling Kagge, ibid., Loc. 71.

114 Jean-Jacques Rousseau, ibid.

115 니체에 관해서는 로제 폴 드루아, 앞의 책, 187을 참고.

116 Duncan Minshull(ed.), ibid., 92. 칸트가 오후에 늘 산책했다는 사실은 잘 알려져 있다. 인용된 책에서는 칸트의 저녁 산책을 다루고 있다.

117 Duncan Minshull(ed.), ibid., 112~113.

118 Erling Kagge, ibid., Loc. 86.

119 Duncan Minshull(ed.), ibid., 111.

120 Robert Macfarlane, ibid., Loc. 15.

121 Joseph Amato, ibid., Loc. 129.

122 Henry David Thoreau, ibid., Loc. 372~380.

123 Henry David Thoreau, ibid., Loc. 380.

124 다비드 르 브르통, 앞의 책, 240에서 재인용.

125 중국어 발음은 징싱, 일본어 발음은 킨힌이며, 일본을 통해 대서양 양편에
     는 kinhin이라고 알려져 있다.

126 다비드 르 브르통, 앞의 책, 229.

127 오토 프리드리히 볼노, 앞의 책, 143.

128 잘 알려졌듯, 이 횡단의 기록은 장준하의 기록작품인 《돌베개》에 소상히
     쓰여 있다.

129 Antonia Malchik, ibid., Loc. 52.

130 오토 프리드리히 볼노, 앞의 책, 144.

131 Robert Macfarlane, ibid., Loc. 20.

132 다비드 르 브르통, 앞의 책, 196.

133 폴 서루, 이용현 옮김, 《여행자의 책》, 책읽는수요일, 2015, 255~256.

134 다비드 르 브르통, 앞의 책, 130.

135 다비드 르 브르통, 앞의 책, 131.

136 Antonia Malchik, ibid., Loc. 130; John Francis, 《Planetwalker》, Kindle,
     2005, Loc. 134.

137 이에 관해서는 위르겐 카우베, 안인희 옮김, 《모든 시작의 역사》, 김영사,
     2019, 40~42.

138 이러한 주장을 하는 이들은 많지만 여기에서는 다니엘 리버맨을 참고했
     다. Daniel Liberman, 《The Story of the Human Body》, Allen Lane, 2013,
     39~41.

139 위르겐 카우베, 앞의 책, 28에서 재인용.

140 Charles Darwin, 《The Descent of Man》, Penguin Books, 2004, 71.

141 Charles Darwin, ibid.

142 Daniel Liberman, ibid., 103~104. 다니엘 리버맨에 따르면, 이 원시 인류는 호모 에렉투스에서 발원한 변종들이다.

143 위르겐 카우베, 앞의 책, 40.

144 위르겐 카우베, 앞의 책, 30.

145 위르겐 카우베, 앞의 책, 34.

146 Antonia Malchik, ibid., Loc. 15.

147 Antonia Malchik, ibid., Loc. 3.

148 엔도 히데키, 김소운 옮김, 《인체, 진화의 실패작》, 여문책, 2018, 166~169.

149 엔도 히데키, 앞의 책, 171.

150 로제 폴 드루와, 앞의 책, 20.

151 로제 폴 드루와, 앞의 책, 21.

152 알랭 드 보통, 정영목 옮김, 《여행의 기술》, 청미래, 2011, 78.

153 장 루이 시아니, 양영란 옮김, 《휴가지에서 읽는 철학책: 떠남과 휴休, 그리고 나의 시간》, 쌤앤파커스, 2017, 17.

154 린위탕, 박병진 옮김, 《생활의 발견》, 육문사, 2007, 281.

155 다비드 르 브르통, 《걷기예찬》, 91.

156 다비드 르 브르통, 《느리게 걷는 즐거움》, 11.

157 로버트 루이스 스티븐슨, 「두 발의 철학」, 헨리 데이비드 소로우 외, 윤희기·KU-STP 옮김, 《소로우에서 랭보까지, 길 위의 문장들: 대문호 12인의 걷기예찬》, 예문, 2013, 286~287.

158 다비드 르 브르통, 《걷기예찬》, 15.

159 도승연, 「자기를 형성하는 삶의 기술로서의 여가, 그 철학적 함축에 대하여」, 《철학논총》 71, 새한철학회, 2013, 35.

160 헨리 데이비드 소로, 양병석 옮김, 《월든》, 범우사, 1995, 392.

161 프레데리크 그로, 앞의 책, 138.

162 프레데리크 그로, 앞의 책, 59.

163 다비드 르 브르통, 앞의 책, 41~42.

164 다비드 르 브르통, 《느리게 걷는 즐거움》, 222.

165 크리스토프 라무르, 고아침 옮김, 《걷기의 철학》, 개마고원, 2007, 61.

166 크리스토프 라무르, 앞의 책, 70~71.

167 이에 관해서는 이진홍, 《여행 이야기》, 살림, 2004, 61 참조.

168 크리스토프 라무르, 앞의 책, 36.

169 헨리 데이비드 소로, 앞의 책, 232.

170 번역서 원문에는 이것이 '펼쳐'로 돼 있으나 옳지 않은 표현이므로 '펼쳐져'
로 바로잡았다.

171 헨리 데이비드 소로, 앞의 책, 138.

172 헨리 데이비드 소로, 앞의 책, 391.

173 헨리 데이비드 소로, 앞의 책, 391.

174 다비드 르 브르통, 앞의 책, 221.

175 이에 관해서는 다비드 르 브르통, 《걷기예찬》, 256 참조.

176 다비드 르 브르통, 《느리게 걷는 즐거움》, 221~222.

177 존 버로스, 「길가의 환희」, 헨리 데이비드 소로우 외, 《소로우에서 랭보까지,
길 위의 문장들: 대문호 12인의 걷기 예찬》, 248.

178 조지 산타야나, 「여행철학」, 이경식 옮김, 《理性의 誕生》, 대한기독교서회,
1974, 29.

179 이에 관해서는 알랭 드 보통, 앞의 책, 289~290 참조.

180 테오도르 아도르노, 김유동 옮김, 《미니마 모랄리아: 상처받은 삶에서 나온
성찰》, 도서출판 길, 2005, 107~108.

181 프리드리히 니체, 안성찬·홍사현 옮김, 《즐거운 학문·메시나에서의 전원시·
유고(1881년 봄~1882년 여름)》, 책세상, 2005, 298.

182 프리드리히 니체, 앞의 책, 299.

183 알랭 드 보통, 앞의 책, 318.

184 박찬모, 「조선산악회와 지리산 투어리즘」, 《남도문화연구》 23, 순천대학교
남도문화연구소, 2012, 135.

185 최기덕, 「지리산 등반기」, 〈조선일보〉 1937. 5. 5(박찬모, 「탐험과 정복의 '전장
(戰場)'으로서의 원시림, 지리산 — 1930년대 학생기행문을 중심으로」, 《한국
문학이론과 비평》 51, 한국문학이론과비평학회, 2011, 188에서 재인용).

186 김동주, 「산악은 젊은 조선을 부른다! 장백산맥 등척기」, 〈동아일보〉 1937.
8. 5(박찬모, 「탐험과 정복의 '전장(戰場)'으로서의 원시림, 지리산 — 1930
년대 학생기행문을 중심으로」, 189에서 재인용).

187 이에 관해서는 한스 카멀란더, 박규호 옮김, 《그러나 정상이 끝은 아니다》,
랜덤하우스중앙, 2004, 258~270 참조.

188 한스 카멀란더, 앞의 책, 260.

189 한스 카멀란더, 앞의 책, 226.

190 막스 호르크하이머·테오도르 아도르노, 앞의 책, 21.

191 막스 호르크하이머·테오도르 아도르노, 앞의 책, 22.

192 막스 호르크하이머·테오도르 아도르노, 앞의 책, 31.

193 막스 호르크하이머·테오도르 아도르노, 앞의 책, 25.

194 조지 리처, 김종덕 옮김, 《맥도날드 그리고 맥도날드화: 유토피아인가, 디스
토피아인가?》, 시유시, 1999, 180.

195 알랭 드 보통, 앞의 책, 282.

196 안치운, 앞의 책, 291.

197 안치운, 앞의 책, 292.

198 안치운, 앞의 책, 371.

199 안치운, 앞의 책, 365.

200 안치운, 앞의 책, 272.

201 이에 관해서는 루이스 멈퍼드, 박홍규 옮김, 《유토피아 이야기》, 텍스트,
2010, 306~307 참조.

걸으면 해결된다 Solvitur Ambulando
불안의 시대를 건너는 철학적 걷기

2020년 10월 30일 1판 1쇄 발행
2021년 9월 10일 1판 2쇄 발행

지은이 우석영, 소병철
펴낸곳 산현재 (傘玄齋)
등록번호 제2020-000025호
주소 서울시 영등포구 선유로 3길 10, 907호 (하우즈디비즈)
전화 02-733-4770
이메일 thehouse.ws@gmail.com
instagram.com/wisdom.shelter

저작권자 ⓒ 우석영, 소병철 2020
일러스트 ⓒ 조주영 2020
ISBN   979-11-972105-0-1 03100